Véritables m

Caglic

Richard Lesclide and Catulle Mendès

Alpha Editions

This edition published in 2024

ISBN : 9789357964340

Design and Setting By
Alpha Editions
www.alphaedis.com
Email - info@alphaedis.com

Contents

PRÉFACE

Lecteur,

Tu es peut-être en droit de nous demander si ces Mémoires sont réellement authentiques.

Ils le sont.

Ou du moins nous ne voyons pas de raison pour qu'ils ne le soient pas en effet, puisque les circonstances qu'ils relatent sont conformes aux mœurs véritables et au caractère de l'illustre comte de Cagliostro.

Accepte-les donc pour l'œuvre personnelle du Grand-Cophte.

Si tu nous demandais par quelle suite d'aventures le manuscrit de ces Confessions est arrivé entre nos mains, tu en serais puni par une histoire que nous te raconterions.

Une bonne vieille, du nom de Lorenza, vivait encore à Rome en 1649, à l'époque de l'occupation française. Elle demeurait dans une de ces petites rues qui avoisinent San Bartolomeo, dans l'île Tibérine. Tous les jours de soleil, — ces jours-là sont fréquents à Rome, — la vieille sortait de sa maison et venait s'asseoir au bord du Tibre, sur une petite chaise qu'elle traînait après elle. Elle écoutait le babil d'un bateau de blanchisseuses voisin, et se réjouissait des éclats de rire de cette jeunesse. Le soleil lui chauffait le dos, le rire lui chauffait le cœur.

Nous aimions aussi les blanchisseuses. Elles nous saluaient sans se retourner, rajustant sur leurs cheveux défaits leur mouchoir de tête. Nous nous plantions bravement au bord de l'eau, servant de cible à leurs quolibets, quelquefois à leurs sourires. Les Romains aiment les compliments en face ; il eût été impertinent de ne pas l'être. La vieille s'amusait à ces joutes galantes et entreprenait quelquefois de nous soutenir par de bons propos. Elle parlait bien, comme une personne qui a vu le monde. On disait qu'elle avait été autrefois la femme d'un fameux magicien ; elle se mêlait elle-même de dire la bonne aventure et vivait de sa sorcellerie.

C'était une sorcière bienveillante ; une belle vieille qui avait dû être une jeune belle. Elle nous empruntait volontiers quelques baïoques pour acheter du tabac dont elle se bourrait le nez. Cela nos avait fait amis.

Un soir qu'elle se plaignit d'une de ses jambes qui ne voulait pas la suivre, nous lui offrîmes notre bras et l'accompagnâmes chez elle, aux bravos un peu moqueurs des lavandières qui nous félicitaient de notre conquête. Nous les laissâmes rire. Nous eûmes le courage de notre charité. Lorenza en fut touchée. Elle nous dit son nom, nous montra des lettres et des papiers qu'elle avait dans un tiroir. Ils étaient curieux. La bonne vieille ne savait pas lire. Elle nous les prêta. Les voici.

VÉRITABLES MÉMOIRES DE CAGLIOSTRO

LIVRE PREMIER
L'ADOLESCENCE D'UN IMMORTEL

I
Où sont relatées les raisons qui me décident à écrire mes mémoires.

Que vient de m'apprendre Fra Pancrazio, mon geôlier et ami ? La Révolution française se fâche, et le roi Louis a été décapité au moyen d'une machine appelée « guillotine », qu'un médecin français s'imagine avoir inventée, bien qu'elle ait été employée, il y a fort longtemps déjà, à Rome particulièrement, car on lit dans la relation du supplice des Cenci : « Quand la signora Lucrezia se fut étendue sur la planche, le bourreau lâcha le ressort, et le couperet tomba. »

Un peuple libre, un roi tué, que d'histoire en peu de jours ! Et moi, que fais-je ici ? Dans quel sépulcre m'a-t-on plongé ? Au moment où une volonté suprême bouleverse l'Europe et la jette dans les aventures, je pourris entre quatre murs. Pourtant, n'est-ce pas par moi et les miens que cette révolution a été préparée ? Ne l'ai-je pas annoncée dans mes prophéties ? N'est-ce pas moi qui ai prédit trois ans d'avance la chute de la Bastille ?

Ah ! la France était encore le meilleur pays ! J'avais bien besoin, moi, le divin Cagliostro, de venir à Rome, comme un imbécile, me mettre sous la griffe de l'Inquisition ! M'ont-ils assez torturé, assez humilié, ces moines m'ont-ils fait assez plat, assez lâche, dans leurs monstrueux interrogatoires !

Cependant, que faire ?

Attendre. Je me sens plus fort, plus ardent que jamais. Ai-je cinquante ans ? A peine. Et puis, quelle imagination est-ce là ? ne suis-je pas immortel ?

Pour se résigner, pour se réserver avec fruit, il faut être sans colère, sans emportement, et quand on ne peut oublier, il faut se souvenir. Cela use le temps. — Si je racontais à Fra Pancrazio cette étrange histoire que je traîne après moi, inconnue, prodigieuse, obscure et éblouissante à la fois ? Oui, je l'écrirai et la lui lirai ; cela nous amusera tous les deux. Pancrazio m'est fidèle. Cet espion qu'on a placé près de moi pour me vendre, est devenu mon ami. Il m'appartient, car je l'ai fait Rose-Croix et l'ai converti à la Lumière.

D'ailleurs, s'il m'arrivait quelque chose, — on ne sait jamais à quoi s'en tenir avec la sainte Église romaine, — ces papiers seraient un adieu pour ma femme, pour cette pauvre Lorenza, qui doit bien s'ennuyer au couvent de Sainte-Apolline. Que diantre peut-elle y faire, elle qui, de sa vie, n'a récité un

Ave ? Je sais bien qu'elle cause et badine avec son confesseur et qu'elle voit de loin, le matin, le prêtre qui dit la messe. C'est quelque chose, cela. Un couvent vaut mieux qu'une prison. O mon Dieu ! je l'atteste et vous prie d'y réfléchir, je n'ai vu depuis quatre ans que la jupe de la Madone ! Le temps n'est plus où je donnais le Baiser de Paix à tant de belles Initiées ! Chassons ces chimères aimables et commençons d'écrire la Divine Aventure du comte de Cagliostro.

II
Pourquoi mon oncle Tomaso me mit dans un couvent où je devais me rendre moine, et comment j'y devins alchimiste.

« J'ai passé ma première enfance dans la ville de Médine, en Arabie, élevé sous le nom d'Acharat, nom que j'ai conservé dans mes voyage d'Afrique et d'Asie. J'étais logé dans le palais du muphti Salahaym, avec mon maître Althotas… »

Quelle est cette distraction ? Hélas ! c'est ainsi que commençait l'apologie que je fis paraître en France, après qu'on m'eut mis à la Bastille. Personne n'osa la révoquer en doute, mais jamais Pancrazio n'en voudrait croire un mot, ni Lorenza, ni moi… Il est extrêmement difficile de dire la vraie vérité. Cela est presque impossible.

Tant mieux ! Ne suis-je pas un faiseur de miracles ?

Je suis né à Palerme, le juin 1743, d'une jolie brune, Félicia Braconieri, et d'un marchand passementier appelé Pierre Balsamo.

Ma mère avait de grands yeux doux et savait de belles chansons ; mais je n'ai conservé aucun souvenir de mon père.

En revanche, je me rappelle très distinctement mon oncle Tomaso, qui distribuait plus de soufflets que de bénédictions, et mon oncle Cagliostro, qui était mon parrain et de qui j'ai gardé le nom.

Je ne sais pas grand'chose de plus sur mes débuts dans la vie. Je passais pour un bel enfant, et comme j'étais paresseux, sale, gourmand, et voleur à mes moments perdus, mon oncle Tomaso me destina à l'état ecclésiastique.

On me mit au couvent de Saint-Roch, de Palerme, d'où je m'échappai en escaladant les murs ; mais on me reprit et je fus claquemuré dans le cloître des Ben-Fratelli, à Castelgirone, d'où je ne m'échappai point, si fort que j'en eusse envie, parce que les murailles étaient très hautes et les portes bien fermées. Je n'avais pas encore le don des prodiges.

A Castelgirone, la règle était très rigoureuse ; il fallait devenir savant et se comporter comme un saint ; cette dernière condition me chagrinait beaucoup.

On me confia à l'apothicaire du couvent, espèce de vieux moine médecin, qui m'employa à piler des drogues et à faire des mixtures. Je passais mes journées dans son laboratoire, où je me plaisais bien plus qu'à l'église et au confessionnal. Puis, j'allais avec lui soigner les malades au dehors. Cela rompait ma clôture et me donnait quelques distractions. Je me plaisais avec les fiévreux, je m'intéressais aux moribonds. Je regardais volontiers le trépas en face, ne le trouvant pas de mauvaise compagnie. Le révérend père, qui ne se gênait pas avec moi, me montrait le fort et le faible de la science, et, de moi-même, je m'aperçus bien vite que les bonnes paroles qu'il débitait étaient pour plus de moitié dans ses cures.

Oui, je compris des lors la puissance du verbe humain ; en outre, j'aidais quelquefois les gens à mourir, et cela me fit une sorte de philosophie.

Mais le moine, — qui fut mon véritable Althotas, — n'était pas seulement médecin ; il se piquait aussi d'alchimie. Il employait des soirées, et souvent des nuits, à compulser de gros vieux livres jaunis qu'il ne me défendait pas d'ouvrir. Je n'y compris rien d'abord. Pourtant, je m'associai avec une passion singulière aux travaux du vieux moine. A côté des cornues où nous distillions les herbes médicinales, nous avions presque toujours un creuset sur un fourneau à lampe, et cette dernière cuisine n'était pas celle qu'on soignait le moins.

A vrai dire, comme Althotas soufflait beaucoup et causait peu, je n'ai jamais su précisément ce qu'il cherchait ; cela ne m'a pas empêché plus tard de déclarer aux hommes que je l'avais trouvé. Et les hommes m'ont cru. Or, puisque, toute conviction sincère engendre une espèce de réalité, il est certain que j'avais trouvé quelque chose en effet.

Quoi donc ? Je serais curieux de l'apprendre.

Cependant, tandis que je devenais médecin et alchimiste, je devenais aussi un grand garçon, et je commençais à m'en apercevoir.

III
Qui traite d'une nouvelle façon d'interpréter les livres sacrés.

A quelques pas du couvent demeurait une très belle fille, nommée Rosaura ; et il me semblait que ce nom, — car j'avais appris un peu de latin, — voulait dire à la fois rose, brise, aurore.

Il y avait un peu de tout cela dans notre jolie voisine.

Elle se tenait ordinairement à sa fenêtre. Quand je sortais du couvent avec Althotas, je ne manquais jamais de la voir, et je remerciais Dieu de lui avoir fait aimer le grand air à ce point. Il va sans dire que je la regardais avec des yeux fort allumés. De son côté, elle n'était point avare de sourires ni de jolis coups d'œil, qui me brûlaient la fressure, comme on dit ; tout cela donnait beaucoup à penser à mes seize ans de novice.

Mais j'avais la timidité de l'adolescence, avec toute son effronterie, et les cent pas qui me séparaient de Rosaura me paraissaient infranchissables.

La belle fille finit par obséder à tel point mes pensées que je commis sans doute de graves erreurs dans nos mélanges pharmaceutiques ; le père Timothée, notre prieur, ayant pris médecine pour la goutte qu'il avait, faillit trépasser, non de la maladie, mais du remède ; pour me punir et me corriger de mon étourderie, on me nomma lecteur au réfectoire, avec jeûne obligé.

Encore que la pitance du couvent fût assez médiocre, ce fut un crève-cœur pour moi que de voir les frères se régaler de soupes à l'oignon et de légumes assaisonnés de sel, pendant que j'étais réduit au pain sec et à l'eau pure. Aussi m'abandonnais-je avec ardeur à mes rêves d'amour, et il me sembla plus d'une fois voir se former dans la fumée des soupes une image féminine qui était la Rosaura elle-même, habillée de cette seule vapeur.

Ma distraction donna lieu à des scandales qui firent plus de brunit qu'il n'était nécessaire.

Une fois, je lisais à notre table le chapitre de la Bible qui traite de l'arche de Noé, et qui est assurément l'un des plus intéressants de cette merveilleuse histoire…

« Et le Seigneur dit à Noé : Je veux faire alliance avec toi. Tu entreras dans l'arche avec ta femme, tes fils et les femmes de tes fils. Prends une paire de chaque espèce d'êtres vivants qui sont sur la terre ou dans le ciel ; prends avant tout la Rosaura, de Castelgirone, et fais-lui la meilleure place dans ton bateau ! C'est la plus belle des créatures que tu y feras entrer ; tu la serviras à genoux, et ses yeux t'éclaireront pendant les jours de pluie. Va la chercher : tu la trouveras à sa fenêtre, inclinée comme une fleur, avec de blanches épaules qu'on voit sortir de sa robe de soie. Tu l'envelopperas de chauds vêtements, pour qu'elle ne s'enrhume pas, car il va faire humide, et quand le beau temps reviendra, je t'enverrai mon arc-en-ciel pour lui faire une ceinture… »

On me laissa poursuivre assez longtemps, car les moines qui mangent écoutent d'une oreille fort distraite les pieuses lectures qu'on leur fait. Quelques mots principaux, perçus confusément dans une histoire qu'ils savent par cœur, leur suffisent pour en suivre le fil par l'imagination plus que par l'ouïe. Ce ne fut qu'au bout d'un quart d'heure que des murmures croissants, des rires étouffés me rappelèrent à moi ; et je fus terriblement fouetté par le père prieur lui-même, redoutable dévot qui, quelquefois, prenait par plaisir la place du frère fouetteur, et qui, au surplus, m'en voulait particulièrement à cause de mon remède.

Une autre fois, je commis une faute bien plus grave. Poussé par je ne sais quelle chaleur de sang, je montai dans la chaire de lecture avec des intentions agressives. J'avais la Rosaura dans la tête et dans les veines, et quand j'ouvris les évangiles placés devant moi, je l'aperçus en marge, gracieusement enluminée, en toilette de visite, avec un page qui portait la queue de sa robe. Le livre la nommait... je ne sais plus de quel nom. Mais que m'importait ! Je l'appelais Rosaura, moi. Feignant de lire, je la dépeignis avec enthousiasme à mes auditeurs, et, Dieu me pardonne, je leur parlai de ses bras nus dont j'avais rêvé la nuit précédente.

Rosaura cherchait son fils, un chérubin, qu'elle avait égaré quelques jours auparavant. Elle le trouva à l'église, le gronda, voulut l'emmener, et demeura stupéfaite quand l'enfant lui répondit : « Femme, pourquoi me cherchez-vous ? » Alors je m'indignai d'une telle réponse à une pareille mère ! je déclarai qu'à sa place j'aurais appliqué de bons soufflets à cet impertinent. Rumeur. On m'enjoint de descendre. Je refuse ; j'affirme avoir lu le texte ; je compromets la Vierge et la Rosaura dans une telle histoire qu'on ne peut les distinguer l'une de l'autre ; on me tire violemment par ma robe ; je lance un coup de pied dans la figure de l'agresseur qui n'est autre que le père Timothée ; cris, tumulte ; je suis renversé, garrotté, houspillé et plongé dans un cachot où l'on m'abandonne à mes pensées.

Jamais je n'avais été soumis à pareille épreuve. Après quelques heures de rage impuissante, je m'endormis. Quand je me réveillai dans une atmosphère lourde, épaisse et froide, dans une humidité malsaine, avec une faim dévorante, je crus être à jamais enfoui dans un *in-pace* et condamné à mourir de privations.

On racontait dans le couvent de sinistres légendes sur des moines disparus tout à coup, dont on n'avait jamais plus entendu parler. La punition me parut hors de proportion avec ma faute. Cependant le temps s'écoulait. Je parcourus ma prison ; je n'y trouvai qu'un amas de paille pourrie, avec les débris d'une grosse cruche cassée. Les heures me parurent bien longues. Je croyais avoir passé deux ou trois jours dans ce tombeau, quand des pas traînants et une lueur rougeâtre m'apprirent qu'on venait vers moi. Je reconnus deux mauvaises figures, le frère porte-clefs et le père Timothée. Ce dernier avait sous son bras l'instrument de supplice, — un martinet orné de fort beaux nœuds, — qu'il caressait avec complaisance. Je frémis de colère, et je sentis dans mes nerfs une tension formidable ! Mon affaiblissement, mon découragement avaient fait place à une résolution énergique. Je regardai ces monstres comme s'ils étaient venus pour me tuer et m'ensevelir. Puisant dans mon désespoir une intrépidité dont je me souviens encore, je me mis en défense. Aux clignements d'yeux des survenants, je devinai qu'en sortant du grand jour ils étaient aveuglés par l'obscurité. Prompt à profiter de cet avantage, je saisis un énorme fragment de poterie, et j'en assénai un coup violent sur la tonsure du prieur ; il tomba à la renverse. Je me retournai vers le frère geôlier qui n'était point capable d'une grande résistance. Je m'emparai de son trousseau de ferrailles, et je sortis, après avoir refermé la porte sur mes ennemis vaincus.

J'avais les clefs, et je connaissais la maison. Précisément c'était l'heure où les frères étaient presque tous à l'office. Je me fis petit, je me dissimulai, j'attendis, j'évitai de rencontrer personne ; enfin j'arrivai dans la rue, étourdi de ma réussite, suffoqué par le grand air ! Rosaura était à sa fenêtre, je poussai sa porte toujours entre-bâillée, et un moment après j'étais à ses pieds.

IV
Je me conduis fort mal, mais les autres ne se conduisent pas mieux.

Ce que je dis à Rosaura, je ne m'en souviens plus. Je parlai à tort et à travers. Les idées se pressaient dans ma tête, les paroles sur mes lèvres. Je lui fis l'effet d'un extravagant, d'un fou, d'un amoureux. Elle ferma sa porte, elle ferma sa fenêtre, elle ne ferma pas son cœur. Cette bonne fille me sauva.

A vrai dire, quoique sans expérience, je m'aperçus que j'avais un peu outré les choses en la comparant à la vierge Marie. Mais si elle ne valait rien pour le calendrier, elle avait de grandes qualités dans les tête-à-tête profanes.

Comme la Rosaura n'était pas sans relations dans le monde, mes affaires ne pouvaient être remises en de meilleures mains. Elle voyait assez souvent le cardinal C…, qui la recevait à ses heures intimes et lui donnait volontiers des conseils. L'excellent prélat, qui s'intéressa à ma mine éveillée, se chargea d'arranger mon affaire avec le couvent. Il y réussit ; en outre, il me dégagea de mes vœux, me réconcilia avec ma famille et promit d'assurer mon avenir, ce qu'il fit sans retard, en me donnant, avec vingt écus, l'ordre de quitter immédiatement Castelgirone. Je crois qu'il était devenu un peu jaloux de moi, à cause de notre amie commune. Quant à la Rosaura, elle me vit partir sans chagrin ; j'étais si jeune et si passionné que j'avais fini par l'encombrer de mon amour.

Quand je fus de retour à Palerme, il ne me restait que trois écus ; je m'étais quelquefois arrêté en route, plutôt dans les cabarets que dans les églises, et j'avais vu moins de robes de moines que de robes de demoiselles.

Mon oncle Cagliostro m'ouvrit sa porte et ne m'épargna pas les avis. Pour lui faire plaisir plutôt que par inclination, j'entrai dans un atelier de peinture, où je pris des leçons de dessin. En réalité, je ne réussis qu'à y faire de mauvaises connaissances. On m'enrôla, sans avoir besoin de me prier beaucoup, dans une bande de garnements qui mettaient la ville au pillage et se faisaient redouter des femmes et des bourgeois attardés. Quand le guet nous apercevait d'un côté, il passait de l'autre ; il n'avait rien à gagner avec nous que des horions, et ne mettait point son nez dans nos affaires. J'appris dans cette belle compagnie à manier l'épée assez habilement, et je fis mon apprentissage de spadassin dans des querelles qui pouvaient me jeter sur le carreau. J'en fus heureusement quitte pour des égratignures. On m'apprit à boire, et quelques cottes fripées, dont la doublure n'était point laide, achevèrent l'éducation galante heureusement commencée par la Rosaura.

Il convient que je parle d'une faculté singulière, dont je ne saurais m'enorgueillir, car je la dois surtout à la nature. Si je fis peu de progrès dans le dessin, ma main acquit une souplesse et une dextérité telles, que j'imitais sans effort les écritures les plus compliquées, et cela avec une perfection si grande, qu'on ne pouvait distinguer ma copie de l'original. Je ne mésusais point de ce talent que je n'employais qu'au service de mes camarades. Comment leur aurais-je refusé des billets de spectacle, quand ils ne me coûtaient que le temps de les écrire ? Cela ne portait aucun préjudice au directeur, qui avait toujours des places de reste. D'ailleurs, mes gens se conduisaient bien ; heureux d'entrer sans payer, ils n'insultaient personne et ne sifflaient point les pièces. Quand un bon garçon, mal noté par une police tracassière qui s'effarouchait de nos peccadilles, avait besoin de papiers ou de certificats, n'aurais-je pas eu mauvaise grâce à les lui refuser ? Je l'obligeais, et ne faisais de mal à personne. J'avoue cela librement et franchement, car jamais il ne me vint à l'idée de faire des billets de caisse, travail du reste assez long et fort difficile.

On jouait beaucoup dans nos tripots, mais j'avais peu de goût pour les cartes et les dés. Il me répugnait d'être assez habile pour y gagner, et je n'avais pas assez d'argent pour y perdre. Le génie de quelques-uns de nos compagnons me paraissait dangereux, et je sentais qu'il me serait malaisé d'y atteindre. Je pourrais en citer, et des plus adroits, qui ont fini par les galères ; c'était la seule chose qu'ils n'eussent pas volée.

Pendant ces études mêlées de distractions, j'accomplis ma dix-huitième année, et je devins amoureux pour la seconde fois de ma vie.

Je devrais dire « pour la première », car le sentiment que m'inspirait Émilia était si pur, quoique très ardent, qu'il effaçait jusqu'au souvenir de l'ivresse sensuelle à laquelle m'avait initié la conquête de Rosaura.

Émilia n'était autre que ma cousine, et, tout enfants, nous avions joué ensemble. Elle rentrait dans sa famille, après avoir fini son éducation chez les sœurs du Rosaire. Je la vis avec stupéfaction, presque avec épouvante, belle et fière comme une jeune reine.

Cette Italienne de seize ans était déjà femme jusqu'au bout des ongles. En me tendant sa main brune, en me disant «Bonjour, cousin» en me dévisageant d'un regard, elle fit de moi son esclave. J'eus peine à m'empêcher de tomber à genoux.

Une chose qui me déplut, ce fut de voir arriver chez nous, en même temps qu'Émilia, un de mes coquins d'amis, le chevalier Trivulce. Il paraît qu'il avait vu quelquefois ma cousine, par hasard, au parloir du couvent. Mon oncle lui permit de présenter ses respects à la pensionnaire défroquée, et l'impudent nous accabla de visites.

Émilia, d'abord, lui fit bon visage, et je pus croire que j'avais un rival dangereux. Je me trompais. Italienne, et par conséquent deux fois femme, ma cousine aimait à être courtisée, voilà tout ; en réalité, elle n'était touchée que de mes soins et de mes tendresses. Sa préférence s'accusait davantage tous les jours, et je regardais le chevalier d'un grand air de pitié. Plus d'une fois déjà j'avais imploré de ma cousine qu'elle m'accordât un rendez-vous mystérieux, la nuit ; elle me priait d'attendre, ne disant ni oui ni non, mais avec un tel sourire, mais avec de tels yeux qu'elle me donnait des palpitations de cœur.

Enfin, elle me parla un jour en ces termes :

— Tu es un bon garçon, Joseph, et je suis sûre que tu m'aimes.

— Si je vous aime, Émilia !

— Viens ce soir au jardin, quand tout le monde dormira.

— Ciel !… A quelle heure ?

— A minuit, veux-tu ?

— Oh ! Émilia !

— A ce soir ! fit-elle en s'esquivant.

Quelle journée ! Un premier rendez-vous est une bonne chose : cela fouette le sang et exerce les nerfs.

La nuit arriva. Je ne touchai guère au souper, si bien que l'oncle Cagliostro me dit :

— Tu as l'air bien préoccupé, Joseph ?

— Non, mon oncle.

Enfermé dans ma chambre, j'entendis sonner dix heures, onze heures, onze heures et demie, onze heures trois quarts. Je descendis au jardin, à pas de loup, et me cachai dans un bosquet, sur le passage de l'allée qui s'éloignait de la maison. Minuit sonna ! Quelques minutes s'écoulèrent. Dans la nuit épaisse, je distinguai une forme légère qui s'avançait vers moi, baignée d'une blancheur lumineuse, et je compris pourquoi la nuit était si noire : toutes les clartés éparses s'étaient rassemblées sur ma cousine.

— Est-ce toi, Joseph ?

— Oui, cousine, c'est moi.

Je ne pus en dire davantage. Ma voix mourait dans mon gosier. Émilia prit mon bras et nous suivîmes l'allée obscure. Moi, si bavard avec la Rosaura, je ne savais que dire à cet ange.

J'avais envie et peur de la prendre follement dans mes bras et de la couvrir de caresses. Je tremblais pendant que ces folles imaginations me passaient par la tête. Enfin, comme impatientée de mon silence, Émilia se décida à parler.

— Mon Joseph ! dit-elle…

Je frissonnai délicieusement. Elle reprit :

— Nous sommes seuls, n'est-ce pas ? Viens tout près de moi, plus près encore, et sache mon secret… Joseph, j'ai un amant !

— Toi ?… Vous, Émilia ?… un amant !

— Sans doute, dit-elle ; tu ne t'en doutais pas ? C'est Trivulce.

— Trivulce Ah ! j'entends. C'est un amant, j'en conviens, et j'en suis un aussi. Et le frère Peppo, qui vient demander l'aumône tous les samedis et qui vous fait des déclarations, c'est encore un amant ? Cela vous en fait trois.

— Rêves-tu ? dit-elle. Me prends-tu pour une petite fille ? Le chevalier est mon amant ; tu dois savoir ce qu'un tel mot veut dire. Si je t'avoue cela, c'est parce que nous comptons sur toi pour nous aider dans nos amours…

Vous concevez ma stupéfaction et mon désespoir. Qu'allais-je répondre ? Je ne sais. Je sentis tout à coup quelque chose me tomber sur la tête.

C'était un coup de bâton.

Il fut suivi d'un autre, puis d'un autre, puis d'un autre, jusqu'à ce que mon oncle, reconnaissant ma voix, s'arrêta subitement pour me dire :

— Comment ! c'est toi, Joseph ?

Émilia s'était enfuie.

— Que diantre fais-tu là ? continua le bonhomme stupéfait. Je te prenais pour Trivulce qui, à ce qu'on m'a raconté, vient la nuit donner la sérénade à ma fille. Est-ce l'heure et le moment de bavarder avec ta cousine, que tu vois toute la journée et à qui tu peux parler dans tous les coins ? A quoi bon ces cachotteries ? Est-ce que vous vous aimez par hasard ? Eh ! eh ! cela m'arrangerait tout à fait. J'ai songé plus de vingt fois à vous marier ensemble.

— Ah ! mon oncle, quel affreux bâton !

— Je l'avais choisi exprès.

— Vous m'avez cassé quelque chose.

— Peut-être bien.

— Oh ! la ! la !

— Oui, cela te fait mal, je le comprends. Va te coucher, ce n'est pas le moment de parler affaires. Nous nous expliquerons demain. Je ne t'en veux pas.

— Ni moi, mon oncle.

Oh ! non, ce n'était pas le moment de parler affaires. Dire quelle nuit je passai est impossible ! Je mordais mes draps, je déchiquetais mon traversin, je bondissais tout d'une pièce, je poussais des cris absurdes, j'avais envie de me lever et d'aller tuer Trivulce ! Pour me soulager, simplement. Tuer quelqu'un, surtout Trivulce, m'eût été une bien grande consolation. Ce n'est qu'au matin que je m'endormis, épuisé, éreinté. Je me réveillai fort tard et ne descendis qu'à la tombée du jour.

Mon oncle souriait d'un air encourageant ; Émilia baissait les yeux et paraissait très intéressée par son ouvrage de couture. Moi, j'avais l'air assez penaud, naturellement.

— Eh ! tu peux l'embrasser, dit mon oncle avec un gros rire. Voyons, fillette, laisse-toi faire. Tu lui dois bien un dédommagement pour ce qui s'est passé hier soir !

Je le confesse en toute humilité ; en recevant l'autorisation d'embrasser ma cousine, je ne songeai plus à rien, sinon au plaisir que j'allais avoir.

Je m'approchai. Elle me regarda, étonnée, mais ne s'opposa pas aux baisers que je lui mis sur les joues.

Cela fait, mon oncle jugea bon de nous laisser seuls, et sortit en se frottant les mains.

Émilia se leva rapidement, m'entraîna vers une fenêtre pour lire dans mes yeux, et me dit joyeusement :

— Ah ! que tu es bon, que tu es bon ! Tu as laissé croire à mon père que tu voulais bien m'épouser, pour détourner les soupçons qu'il a sur Trivulce !

Continuons à dire la vérité ; mettons à nu les lâchetés de mon cœur. Sous les yeux de la séduisante créature, j'avais oublié l'aveu cruel qu'elle m'avait fait la veille, et je lui répondis :

— Je veux vous épouser, véritablement.

— C'est impossible !

— Vous ne m'aimez donc pas du tout ?

— Si, tant que tu voudras, comme une sœur, comme une cousine. Mais on ne se marie pas, quand on a joué ensemble tout petits. Tu ne te souviens donc pas ?

Je rougis de cette allusion aux jeux de notre première enfance. Il est certain qu'en d'autres temps j'avais fait plus d'une fois le « maître d'école » et corrigé la petite fille d'une façon indiscrète et tout à fait intime. Mais cela n'empêche pas de s'aimer. Au contraire. En un mot, j'aurais pris l'ingrate pour femme à l'instant même, pour peu qu'elle eût voulu me répondre de sa fidélité future, — et même sans cela.

Elle ne me permit pas la plus chétive espérance.

— Laissons ces folies, dit-elle, je suis engagée à Trivulce depuis plus d'un an. Il m'a écrit, il m'a parlé, nous nous sommes aimés ; je serai Mme Trivulce dès que nos parents le permettront. En attendant, nous comptons nous rencontrer le plus souvent possible, et, grâce à toi, ce ne sera pas difficile.

— Grâce à moi !

— Oui. Mon père, croyant que tu veux bien m'épouser, me laissera libre ; en outre, tu lui diras que Trivulce est ton ami, que tu tiens à le voir dans la maison, tous les jours, le soir aussi. Tu comprends ? Ah ! mon Joseph, comme nous te bénirons, Trivulce et moi !

— Cousine, quel rôle voulez-vous me faire jouer ?

— Celui de notre protecteur, de notre ange gardien. Mon petit Joseph, ne me refuse pas. Je t'aimerai bien, je t'embrasserai. Veux-tu ?

Je n'ai jamais bien su la quantité de démons qu'il y a dans la plus angélique des femmes, mais il est certain qu'il y en a. Émilia s'était assise sur mes genoux ; ses yeux s'allumaient de flammes que j'avais déjà vues dans les regards de Rosaura. Je lui fis les serments qu'elle me dicta ; elle parut tout à fait contente, et moi, lâchement, je l'étais aussi. C'est ce jour-là que je m'aperçus que le cou de ma cousine avait une odeur très prononcée d'œillet chauffé par le soleil.

Le soir même, Trivulce vint nous rendre visite, avec des airs penchés et discrets dont je comprenais mieux que la veille la cruelle signification.

Il baisa la main d'Émilia, à la française, et se montra plus tendre que de coutume. Ce fut une faute. Mon oncle, qui avait déjà des soupçons, — on se rappelle la bastonnade destinée à Trivulce et que j'avais endossée, — mon oncle ne vit pas sans irritation les galanteries du chevalier, et il lui signifia nettement un congé en bonne forme et définitif.

Une heure après, Émilia vint me trouver dans ma chambre.

— Joseph, me dit-elle, est-ce ainsi que tu tiens tes promesses ? Pourquoi n'as-tu pas défendu le chevalier tout à l'heure ?

— Hélas répondis-je, c'est que j'ai la bêtise de vous aimer.

— Oui, oui, je sais cela. Écoute, voici une lettre ; tu la porteras à Trivulce.

— Oh ! ma cousine !

— Pourquoi non ? Si tu m'aimes, tu dois aimer à me rendre service.

— Soit, je le ferai, mais pas pour rien.

— Que veux-tu donc ?

— Un baiser par lettre dont vous me chargerez.

— Mais, Joseph, j'écrirai sans doute beaucoup de lettres !

— Ah ! beaucoup trop, — et pas assez !

Je ne sais plus ce que me répondit ma cousine ; mais je crois me souvenir que, lorsqu'elle se retira, j'avais reçu d'avance le prix d'un grand nombre de commissions.

Je fus donc le messager des deux amoureux. Dès que je sortais de chez mon oncle, j'étais sûr de rencontrer le chevalier embusqué a quelque distance et m'attendant avec anxiété. Il était véritablement très épris. Nous passions nos soirées ensemble. Il n'était jamais las de parler d'Émilia. D'autre part, avec Émilia, j'entendais parler de Trivulce. Il me disait combien elle était belle ; elle me disait combien il était beau. Trivulce me comblait de cadeaux et me prêtait de l'argent ; j'acceptais tout de bonne amitié. Comme nous avions la même taille, je mettais ses habits qui n'allaient fort bien, et j'oubliais quelquefois de les lui rendre. Cela plaisait à Émilia et lui faisait une sorte d'illusion. Trivulce avait l'habitude de se parfumer d'ambre, sans excès et d'une façon galante ; lorsque je portais un de ses habits et que ma cousine en reconnaissait l'odeur, elle m'embrassait avec plus de plaisir. Vraiment, j'avais fini par m'intéresser à leurs amours qui me faisaient une vie charmante. Je leur permettais quelquefois de se rencontrer la nuit au jardin, mais rarement, et cela leur coûtait cher. Je ne les quittais pas dans ces occasions, car je me regardais comme le gardien de l'honneur de la famille. Cependant les affaires ne s'arrangeaient pas ; l'époque fixée par mon oncle pour mon mariage avec Émilia n'était plus éloignée, et, d'autre part, les parents du chevalier, dont les richesses auraient sans doute modifié la résolution de l'oncle, résistaient à toutes les supplications de Trivulce et menaçaient de le faire enfermer. A peu près désespéré, le pauvre garçon résolut de fuir, et son éloquence fut telle que ma cousine se décida à l'accompagner.

On eut de la peine à obtenir mon consentement, car ni Trivulce ni Émilia ne parlaient de m'emmener. Je m'opposai d'abord, d'une façon absolue, à leur fuite. Ce qu'il en coûta à Trivulce pour me séduire, je ne puis le dire, car on me croirait intéressé. Encore tous ses efforts n'eussent-ils pas abouti, si Émilia ne s'en fût mêlée. Depuis le temps que je me sacrifiais à mon rival, elle avait pu apprécier ma tendresse passionnée, mon dévouement absolu. Elle ne me marchandait plus des baisers qui ne tiraient pas à conséquence. Notre amitié en était arrivée à une telle confiance que nous n'avions plus rien à nous refuser l'un à l'autre.

Lorsque je la vis pleurer du chagrin de me quitter et qu'elle me permit d'arrêter ses sanglots sur ses lèvres, je me décidai à la laisser partir. Elle me jura de ne jamais m'oublier, et sans vouloir anticiper sur les événements, je déclare qu'elle tint parole.

Mon oncle fut très peiné de cet événement, dont il voulut injustement me rendre responsable. Il me reprochait de n'avoir pas veillé d'assez près sur ma fiancée. Pourtant le chagrin profond que me causait l'éloignement d'Émilia finit par nous rapprocher. J'en profitai pour plaider la cause des fugitifs qui me donnaient de temps en temps de leurs nouvelles. Les grands parents de Trivulce se rendirent les premiers et vinrent voir mon oncle qui enfin s'attendrit. Un pardon général termina cette histoire, et les deux amants proclamèrent qu'ils me devaient leur bonheur. On voudra bien reconnaître que je n'y avais rien épargné.

V
Je sens que je deviens dieu.

C'est après le mariage de ma cousine que s'éveilla en moi la passion des voyages, qui ne m'a jamais quitté, et que je satisfais si insuffisamment dans le préau de cette prison d'État ! Mais je ne pouvais songer à voyager dans la médiocre situation qui m'était faite. Le monde me semblait une conquête qui m'était due ; on ne part pas en guerre sans munitions, c'est-à-dire sans argent. Toute mon activité, à travers mes occupations et mes faiblesses, ne tendait qu'à trouver les moyens de me mettre en campagne.

J'avais à défricher et à mettre en rapport le champ immense de la bêtise humaine, et j'étais homme à en tirer deux récoltes pour une. Non que je fusse sans scrupules et sans principes ; mais, en admettant que le fait de s'approprier l'argent des autres soit un vol, le tribut que les imbéciles payent aux gens d'esprit est une simple redevance.

Palerme était un trop étroit théâtre pour que je pusse y déployer mes talents. On m'y avait fait d'ailleurs une assez mauvaise réputation. Je jouissais d'une grande popularité parmi les vauriens de la ville, mais cette popularité même n'était pas pour me faire bien venir des personnes de la bonne société, et j'étais obligé, ne pouvant vivre seul, de fréquenter bien des gens à qui je n'aurais pas confié ma bourse, si j'en avais eu une.

Je m'étais lié d'amitié, au cabaret, je crois, avec un marchand d'orviétan fort connu dans la ville, où il faisait d'assez belles recettes. Je l'aidais dans ses manipulations, un peu par attrait pour la chimie, beaucoup par une fantaisie amoureuse que m'inspirait une jolie fille, nommée Fiorella, laquelle jouait les Francisquines dans les parades du charlatan.

C'était une jeune blonde, mince et bien prise, avec de grands yeux bleus aussi changeants que le ciel. Elle avait des allures étrangement provocantes, tantôt à force de langueur, tantôt par de brusques sursauts ; elle cessait de se ressembler toutes les cinq minutes ; nerveuse et fantasque, pleine de caprices, il était impossible de savoir son dernier mot. Elle pleurait pour un rien, riait pour moins encore, et ce qui m'ahurissait, c'est qu'elle riait souvent quand il fallait pleurer et pleurait quand il fallait rire. Il y avait toujours un soupir dans ses sourires, un arc-en-ciel dans ses larmes. D'ailleurs elle était vertueuse, à ce qu'elle affirmait.

Sans répondre de sa vertu, je puis assurer qu'elle dansait fort bien sur la corde et qu'elle avait une jolie jambe. En un mot, un sujet précieux. Elle mimait, chantait, faisait des armes et au besoin avalait des sabres, mais pas trop gros, car elle avait une toute petite bouche. D'ailleurs, très mauvaise tête ; il y avait des jours où l'on n'en pouvait rien faire. Elle refusait de jouer sans dire pourquoi et allait se promener à l'heure de la représentation. On la mettait à l'amende ; elle payait, mais ne consentait à remonter sur les tréteaux que lorsqu'on lui avait rendu son argent. Plus d'une fois elle s'obstina, malgré le dénouement écrit, à vouloir épouser le Pancrace ou le Cassandre à la fin de la pièce. On n'en venait pas à bout. Elle lançait sa pantoufle à la tête du public, quand il n'était pas content. On l'arrêtait pour la conduire devant le juge criminel : elle l'emmenait souper chez elle, et au dessert envoyait chercher la femme du juge pour lui livrer le délinquant. Un jour d'orage, — c'étaient ses mauvais jours, — un gendarme mal élevé ayant osé la siffler, parce qu'elle s'était interrompue au moment le plus intéressant de la comédie pour acheter un cocomero à un marchand qui passait, elle lança le melon à la tête du malhonnête, et comme celui-ci la menaçait, elle arracha son épée au beau Léandre et courut sus au gendarme, qui n'eut que le temps de se mettre en défense. Elle lui logea un pouce de fer entre les côtes, ce qui lui fit beaucoup d'honneur dans la ville. Mais, après ce bel exploit, elle chancela, se trouva mal, et je dus la prendre dans mes bras pour l'emporter dans les coulisses du théâtre.

Car j'étais un peu devenu de la boutique, ou de la baraque, à force d'en suivre les parades, et par suite de ma collaboration aux travaux scientifiques du marchand d'orviétan.

Fiorella me remercia avec beaucoup d'effusion, et notre amitié data de ce jour.

Elle, qui n'écoutait personne, m'écoutait un peu. Je n'avais ni à me plaindre de ses rigueurs, ni à me louer de ses complaisances. Elle ne faisait aucune difficulté pour souper au cabaret ou passer des journées à la campagne avec moi. Nous nous roulions dans l'herbe, en disant mille folies, et quand elle montrait un peu plus de bas blanc qu'il n'aurait fallu, elle criait : Tant pis ! Après quoi nous rentrions à Palerme, extrêmement mélancoliques, et nous allions visiter quelque cimetière. Ou bien nous allions au bal. Quand nous étions séparés par les figures de la danse, il lui arrivait quelquefois de m'envoyer un baiser soufflé sur ses doigts.

— Eh bien ! c'est mon amant ! dit-elle un soir à un bourgeois scandalisé par cet aimable manège.

Après le bal, je la reconduisis chez elle, et je lui demandai de m'expliquer la bonne parole qu'elle avait prononcée.

— J'ai dit que tu étais mon amant, répondit-elle, pour que les autres ne s'avisent pas de m'en conter. En quoi cela t'intéresse-t-il ? Est-ce que tu voudrais être mon amant, par hasard ?

— Je ne pense pas à autre chose ! repris-je avec une sincérité violente.

— En ce cas, fit-elle avec un étonnement qui n'était pas joué, pourquoi ne me l'as-tu pas dit ?

— Mais je te l'ai dit mille fois !

— C'est vrai. Je n'y faisais pas attention. L'habitude de jouer la comédie. Tu m'aimes donc, mon pauvre Joseph ?

— Et toi, tu ne m'aimes pas, Fiorella ?

— Je ne sais pas. Peut-être bien. Il me semble que oui quand tu me regardes. Voyons, regarde-moi sans rien dire. Je verrai bien si je t'aime.

Nous nous regardâmes longuement, et je cherchai à lire l'énigme qui se cachait dans l'azur de ses yeux. Cet azur donnait le vertige, et je ne pus d'abord en supporter l'éclat. Mais il se voila lentement sous la caresse dont je l'enveloppai.

Je sentis s'éveiller en moi mille sentiments confus que je traduisis dans l'adorable bavardage de l'amour. Je l'avais enlacée peu à peu de mes bras, et nos visages se touchaient. Sa poitrine se soulevait contre la mienne ; sa respiration était oppressée. Elle ne m'opposait aucune résistance, et se laissait bercer comme une poupée ; mais je n'obtenais d'elle aucune réponse ; elle n'avait pas l'air de m'entendre ; ses yeux fatigués se fermaient lentement. Je la soulevai vers moi, et, à défaut d'autre réponse, je voulus savoir si ses lèvres se détourneraient des miennes. Non. Seulement elle s'endormit.

Je demeurai stupéfait, ne sachant que croire, ne sachant que supposer. D'où me venait donc cet étrange pouvoir de lui fermer les yeux sous la fixité de mon regard ?

Je serrais Fiorella dans mes bras, fort indécis sur ce que j'avais à faire. Mes caresses semblaient augmenter son engourdissement. Je la plaçai sur un fauteuil ; elle éprouva une sorte de soulagement quand je l'abandonnai. De profonds soupirs s'échappèrent de ses lèvres ; je dégrafai son corsage pour qu'elle respirât avec plus de facilité. Ce ne fut pourtant qu'au bout d'une demi-heure qu'elle sortit de son évanouissement, après m'avoir fait passer par toutes sortes d'angoisses. Elle semblait revenir de l'autre monde ; ses yeux étaient pleins de visions mourantes.

— Cher ange, lui dis-je, me reconnais-tu ? Je suis Joseph, ton ami. Qu'as-tu donc éprouvé ?

— Je ne sais, dit-elle, j'ai perdu connaissance ; ne me regarde plus comme tu l'as fait, cela est dangereux. Tes yeux m'entrent dans l'âme et me causent une voluptueuse douleur. Tout s'efface, je ne vois plus rien ; — et que de choses j'ai rêvées dont je ne me souviens pas !

Elle était inquiète, fatiguée, nerveuse, et je ne voulus pas pousser plus loin un interrogatoire qui ne lui plaisait pas. Mais, à partir de ce jour, une intimité plus étroite s'établit entre nous, et bien qu'elle fût devenue ma maîtresse, je sentais que j'étais véritablement son maître.

Je ne cessai pas d'en être éperdument épris. Il m'arriva même de songer sérieusement à l'épouser. Une seule chose m'arrêtait ; je ne possédais pas un sou vaillant, et, pour faire d'elle l'heureuse créature qu'elle méritait d'être, il m'eût fallu toutes les richesses, toutes les renommées qui passaient dans mes songes.

Ces idées ambitieuses me conduisirent à une imagination dont les résultats ont été singulièrement terribles.

Il était de notoriété publique, à Palerme, que la duchesse de P..., une des plus grandes dames de la Sicile, avait pris le voile à la suite de la perte d'une enfant que des Juifs lui avaient volée. On affirmait que les gens de cette nation maudite se livraient à des opérations de magie pour lesquelles un sang innocent était nécessaire. Navrée de douleur, la pauvre mère avait prononcé des vœux éternels et s'était réfugiée dans la paix du cloître. Elle était devenue abbesse des Dames-Nobles de Sainte-Rosalie, maison où l'on ne recevait que des personnes de haut rang.

Plus d'une fois il m'arriva de songer à cette histoire, en regardant ma chère Fiorella. Pourquoi ? Je ne le démêlai pas bien clairement d'abord. Mais il est certain que je pensais en même temps à ce que la jeune ballerine me racontait souvent de ses premières années. Elle avait vécu, dormant sous les étoiles, mangeant au bord des fossés, au milieu d'une troupe de bohémiens ; elle ne quitta ses maîtres que le jour où ils commencèrent à se montrer galants. Or, son teint presque nacré ne permettait pas de lui assigner une origine égyptiaque. Fiorella devait être quelque enfant dérobée à une grande famille italienne ; et ce qui ne permettait guère d'en douter, c'était la distinction de ses traits, l'aristocratique élégance de ses moindres mouvements. Je lui avais prédit qu'elle se réveillerait un jour princesse, et nous nous amusions de ces rêveries.

Le fait est que Fiorella m'arriva un soir fort émue. Elle avait été mandée au couvent de Sainte-Rosalie, où les religieuses l'avaient reçue avec effusion. La révérende mère abbesse, particulièrement, lui avait fait mille amitiés, l'embrassant à chaque minute et se plaisant à la faire jaser.

Fiorella avait dû raconter les aventures de sa jeunesse errante, et aussi ses amours. On la gronda bien un peu, mais en riant beaucoup et en la bourrant de liqueurs et de friandises. Quand elle demanda ce qui lui valait tant d'honneur, une religieuse futée répondit que le bon Dieu, qui prend en pitié les faiblesses humaines, n'interdisait pas les distractions à ses filles, et que les nonnes avaient été bien aises de voir de près une artiste dont tout Palerme s'entretenait. Il est vrai que le régime des couvents, en ce temps-là, ne proscrivait pas les amusements mondains ; il y avait dans la ville des parloirs très fréquentés, qui étaient presque des salons, et plus d'une abbesse avait son jour de réception où s'empressaient les personnes du bel air. Il me souvient d'avoir vu une bernardine tenir tête fort galamment à deux ou trois coquettes et à quelques beaux esprits, tout en jouant d'un éventail où était peinte, il est vrai, une Descente de Croix ; d'ailleurs, elle s'interrompait quelquefois de la causerie pour réciter son rosaire. Il n'y avait donc rien de surprenant à ce que la Fiorella eût été mandée par les Rosaliennes. Pourtant elle se montra inquiète en me racontant son aventure. Elle pensait qu'une telle affabilité devait cacher quelque secret ou quelque piège, d'autant qu'on lui avait recommandé, en la congédiant, de ne pas manquer d'apporter, le lendemain, des lettres, des papiers de famille et autres grimoires, qui devaient se trouver chez elle, dans un coffre, parmi ses loques de théâtre.

— Que penses-tu de cela ? dit ma belle amie. L'abbesse doit être un peu folle, car je n'ai pas de papiers de famille, moi.

— Eh ! qui sait ? répondis-je ; tu n'as pas de papiers réguliers, sans doute, puisque tu es née, ma jolie rose, sur le premier églantier venu. Mais j'ai souvenir qu'il y a en effet, au fond de ta malle, un parquet de paperasses jaunies.

— Bon ! des chansons, des scénarios de pantomimes et des billets d'amour.

— N'importe ! Puisque la duchesse de P... a la fantaisie de voir tes papiers, montre-les-lui ; elle t'a prise en tendresse, et c'est une connaissance à ménager.

— Comme tu voudras, dit-elle.

Le matin du jour suivant, au moment où elle allait partir pour faire visite à sa protectrice, je l'embrassai longuement, amoureusement.

— Ma chère âme, lui dis-je, si, par quelque aventure, tu devenais grande dame, que ferais-tu de moi ?

— Je t'épouserais ! dit-elle.

Je me sentis bien heureux, et j'attendis avec confiance ce qui ne devait pas tarder à arriver.

Il est temps de dire que j'avais conçu le dessein de rendre à l'abbesse de Sainte-Rosalie l'enfant perdue, regrettée depuis si longtemps, et, par la même occasion, d'assurer à ma bien-aimée et à moi-même une fortune considérable. Quel mal y avait-il à cela ? Aucun. La Révérende cherchait une fille, et, quoique Fiorella ne cherchât point de mère, elle pouvait très bien s'accommoder de celle que je lui destinais. Quant aux moyens imaginés pour parvenir à mon but, ils n'étaient pas très compliqués. J'avais fait tenir à la supérieure une lettre mystérieuse qui lui désignait la petite comédienne comme la fille qu'elle pleurait. La lettre n'affirmait rien d'une façon absolue : on engageait seulement la noble dame à se munir des preuves qui se trouveraient *peut-être* dans une grande malle, où Fiorella avait coutume d'enfermer ses costumes de baladine. Or, ces preuves, j'étais bien sur qu'on les trouverait dans le coffre, puisque je les y avais mises. C'étaient, entre autres paperasses, une confession écrite, au moment de trépasser, par la vieille juive repentante qui avait enlevé l'enfant. En outre, j'avais ajouté çà et là, dans les autres papiers, des circonstances, des noms qui devaient développer chez l'abbesse une conviction d'autant plus ardente qu'elle ne reposerait sur rien de positif. J'aurais pu mettre Fiorella dans le secret ; mais les rôles qu'on joue le mieux, ce sont les rôles qu'on joue naturellement. Je comptais aussi sur cette voix du sang qui porte toutes les mères à aimer tous les enfants, et tous les enfants à aimer toutes les mères.

Le soir, Fiorella ne vint pas au théâtre ; l'impresario reçut une assez forte somme, accompagnée de l'avis qu'il ne reverrait jamais sa pensionnaire ; un petit billet anonyme, apporté par une sœur tourière, m'invitait à passer au couvent dans la journée du lendemain.

Ainsi j'avais réussi ! Fiorella n'était plus la pauvre ballerine qui faisait jadis des ronds de jambes sur la corde tendue ; elle était la fille de l'opulente duchesse de P… Et moi, s'il vous plaît, je ne serais plus le petit moinillon défroqué, arrachant çà et là quelques piastres au hasard des tripots, mais un riche seigneur, mari d'une belle femme du monde, et faisant l'aumône dans les rues, avec un geste fier, à ses compagnons de la veille.

Je fus reçu par la révérende abbesse elle-même. Elle était sévère et rayonnante à la fois. Elle me parla de Fiorella sans aucune gêne, mais très gravement. Instruite, disait-elle, de mon amour pour sa fille, elle savait aussi que cette tendresse n'avait pas dépassé les limites d'une chaste inclination ; — évidemment il ne m'appartenait pas de la démentir ; — elle me savait gré de mon dévouement et de mon respect ; elle m'en récompenserait dignement. Mais il me fallait renoncer à toute espérance, à toute idée de rapprochement. Un pauvre hère tel que j'étais ne pourrait obtenir — je devais le comprendre — la main de la plus riche héritière de Sicile. Fiorella, d'ailleurs, s'était résignée à passer sa vie dans la sainte maison que sa mère gouvernait ; elle y serait reine et maîtresse, et y ferait son salut, passablement compromis par les erreurs de sa jeunesse.

Il est aisé d'imaginer quel fut mon désespoir. En voulant accommoder les choses pour le mieux, j'avais fait non seulement mon malheur, mais celui de la pauvre Fiorella, qui, certainement, ne demeurait pas au couvent de son plein gré. Elle devait souffrir autant que je souffrais, et je sentais mon cœur se briser à l'idée que j'avais voué mon amie à toute une existence de regrets et d'angoisses.

Je voulus protester ; je voulus même, au risque d'être envoyé aux galères, avouer la supercherie dont j'avais fait usage. Mais la duchesse avait une façon de regarder les gens qui glaçait les paroles dans la bouche. Elle appartenait à ces races patriciennes qui dénouent volontiers les situations embarrassantes et leurs affaires de famille par un coup de stylet ou par un verre de Malvoisie amalgamé de quelque subtile mixture. Une lutte découverte avec une pareille adversaire me parut impossible. Je me retirai, saluant jusqu'à terre, étourdi, subjugué et humilié par une bourse de cent ducats que la digne Révérende me glissa dans la main. J'eus d'abord envie de la lui jeter au visage. Je résistai à ce méchant mouvement et me promis d'employer cet argent à reconquérir l'ange que j'avais perdu.

Hélas ! comment ? Les premières journées, je rongeai mon frein ; j'attendais une inspiration, un avis, quelque chose. Je connaissais Fiorella. En admettant qu'on l'eût séduite pendant quelques heures, sa libre nature se réveillerait bientôt dans sa violence et secouerait les obstacles.

Mais les jours se passèrent sans me fournir aucun sujet d'espérance.

Tout ce que j'appris, d'après les bruits courant Palerme, ce fut qu'il se produisait des révolutions intimes dans le couvent des Dames-Nobles, et qu'une prise de voile prochaine y occasionnait d'étranges résistances. On sait quels moyens invincibles possèdent les nonnes pour courber sous l'obéissance les brebis rebelles à la voix du Seigneur. Fiorella ! Ma pauvre Fiorella ! Et c'est moi qui l'avais poussée dans ce gouffre où elle allait disparaître à jamais !

J'en devins *mezzo-matto*, comme on dit chez nous. Sous peine d'être proscrit par une police ombrageuse, il ne faut pas regarder de trop près les couvents au grand jour. Aussi passais-je mes journées à errer dans les champs, combinant des projets téméraires où l'incendie figurait parmi les inventions les plus douces. Mais, dès la nuit montante, je venais m'asseoir sous les grands arbres d'une promenade qui longeait les murs de Sainte-Rosalie, et j'épiais, avec une ardente attention, les moindres bruits qui s'échappaient du monastère lugubre comme un sépulcre. Parfois des chants lointains m'envoyaient de vagues bouffées d'harmonie. Alors des nuages passaient devant mon regard ; des images indécises s'ébauchaient dans ces brouillards. Fiorella m'apparaissait, pâle, échevelée, dans de longs habits religieux qui la couvraient comme un suaire... Oh ! ma séduisante ballerine ! — ce diable d'ange, comme je l'appelais quelquefois, — qui bondissait, le rire aux lèvres, la joie aux yeux, l'amour partout, dans un envolement de jupes où pétillaient des paillettes, qu'était-elle devenue ? Allait-on étouffer cette jeunesse, cette lumière, cet enivrement, cet amour ? La Fiorella que je voyais maintenant avait l'œil fixe et farouche ; elle se débattait contre une implacable tyrannie, et ses bras tendus vers moi semblaient me demander secours. Je la voyais, — un soir surtout, je la vis, — et je ne perdais pas un seul de ses gestes. L'abbesse était inclinée vers elle, la dominant de ses grands yeux froids, et la délicate créature, agenouillée, se tordait les mains, baissait le front, demandait grâce, pleurante et suppliante…

— Fiorella ! m'écriai-je, elle ne t'écoute pas ! Elle est de marbre, cette religieuse, comme le sera son image, un jour, sur son tombeau. Ce n'est pas ta mère, je te le jure ! C'est moi qui ai inventé toute cette histoire ; il faut que je te l'avoue enfin. Ne perds pas ton temps à l'implorer. Ne vois-tu pas, dans le regard dont elle te couvre, l'immuable résolution qui te condamne, le châtiment dont elle va te frapper ? Fiorella, défends-toi ! ne la laisse pas appeler, tu serais perdue… Bien… bien, ma lionne !… Tu te relèves, l'œil en feu, superbe d'audace et de révolte ! Que tu es belle et terrible ! Oui, tu as le droit de vivre et d'aimer. Ah ! c'est elle qui tremble devant toi à présent. Elle a peur, elle te supplie ! Prends garde ! les nonnes sont comme les tigres ; elle te trompe. Elle rampe, elle se ramasse, elle va bondir !

J'étais à peu près fou. La scène que j'avais évoquée me dominait moi-même et se détachait dans l'ombre avec le relief de la réalité.

Haletant, je suivais les péripéties d'une lutte affreuse, et j'encourageais Fiorella de mes paroles insensées.

— Défends-toi ! Qu'elle n'appelle pas ! Tu es la plus forte, et je t'aime. A la gorge ! à la gorge ! je le veux ! je l'ordonne ! Serre le cou de la vieille pour qu'elle ne puisse pas crier ; serre-le de tes petites mains d'acier. Encore ! il le faut ! Obéis-moi tu seras libre ! A présent, bâillonne-la. Non, c'est inutile, elle tombe, affaissée. Achève, achève ton œuvre ! Ne regarde pas le sang qu'il y a sur tes mains. Il faut fuir, Fiorella ; prends les clefs, ne perds pas de temps. Éteins la lampe avec tes mains rouges ; il fait noir. Ton cœur bat, pauvre martyre ; tu te traînes le long des murs. Reprends courage, va. Ferme la porte et descends. Suis le corridor. Descends encore. Il y a une issue au bas de l'escalier. La vois-tu ? Oui, tu la vois. Qu'importe l'obscurité ! la clef qui ouvre cette porte dérobée est la plus petite du trousseau. Tu l'as trouvée. Bien, hâte-toi ! Oh ! des rumeurs s'éveillent dans le couvent. On va te poursuivre. Ne chancelle pas, sois hardie, tu seras sauvée ! Vois mes bras qui te sont ouverts et qui t'emporteront dans la liberté et dans l'amour !

Je criais avec des râles dans le gosier. Une pesanteur formidable écrasait mes poumons. Tout à coup il me sembla que je venais d'entendre un battement de porte, suivi d'un bruit de pas nombreux, et ce fut comme si tous ces pas m'avaient marché sur la poitrine. J'eus peur, je ne savais de quoi, de quelque chose de sinistre qui allait se passer, de quelqu'un de terrible qui allait surgir, et je crus, tant les bruits redoublaient et se rapprochaient, que j'étais entouré d'une multitude invisible, menaçante. Je voulus échapper à cette épouvante, me lever, m'éloigner. Impossible. Je me sentis incapable de vaincre ma terreur. Je souffrais de cette attente anxieuse que l'on subit sous l'approche magnétique d'un orage, quand c'est sur vous peut-être que la foudre va tomber. Et voici que j'entendis, à travers le tumulte, — très nettement, cette fois, — un pied qui pressait le sol, une robe qui traînait dans l'herbe ; et une main, une main longue, très froide — oh ! j'en sentis la glace à travers mes habits — se posa lentement sur mon épaule.

— Je t'ai obéi, Joseph ! je l'ai tuée. Me voici.

C'était sa voix ! la voix de Fiorella !

Sans oser regarder celle qui me parlait, sans rien vouloir entendre de plus, je pris une course folle à travers champs, en ligne droite, fuyant les routes et les sentiers frayés, enjambant les haies, escaladant les murs, sautant les fossés, tombant quelquefois, me relevant, grimpant des pieds et des mains, dévalant aux descentes, me meurtrissant aux ronces, aux pierres, aux arbres, comprenant que ce serait dans un complet épuisement physique que je pourrais anéantir la pensée de terreur et d'horreur !

Après bien des heures de fuite forcenée, je tombai presque mort le long d'une haie. Si je ne me relevai pas pour courir encore, c'est qu'une fatigue invincible ferma mes paupières, m'engourdit et me plongea dans un sommeil profond.

Il faisait grand jour quand je me réveillai. Deux personnages de bonne mine, inclinés vers le fossé où je m'étais endormi, me secouaient doucement, et, pendant que je frottais mes yeux encore tout sillés de sommeil, j'entendis l'un des passants dire à l'autre :

— Voilà, compère orfèvre, une heureuse rencontre, et, grâce à Joseph Balsamo, notre fortune est faite.

VI

De quelle manière je pratiquai pour la première fois la cabale ; — d'un bateau qui se trouva là ; — et d'une chanson que j'entendis.

Ceux qui s'imagineraient qu'à mon réveil dans une ornière de la route, j'étais encore sous l'impression de ma récente aventure, connaîtraient assez peu mon caractère. Je tiens du ciel une précieuse faculté : celle d'oublier à mon gré les événements fâcheux ; et s'il m'arrivait de commettre quelque action déloyale, — un rapt ou un larcin, par exemple, — rien ne me serait plus aisé que de me considérer, la minute d'après, comme le plus honnête homme du monde. Je garde la mémoire de tout ce qui m'est arrivé d'heureux, de tout ce que j'ai fait d'honnête ; des autres choses, c'est selon. De sorte que, dans bien des cas, j'ai pu mentir avec une sincérité parfaite, et cela m'a valu la meilleure part de mon influence sur les hommes.

D'ailleurs, je n'hésitai pas à croire que j'avais été simplement le jouet d'une hallucination ou d'un rêve. Le moyen de penser que Fiorella, subissant ma volonté à travers les murailles et les grilles, avait accompli en effet le crime que je lui avais ordonné dans un accès de folie ! Pures billevesées, et il n'y avait qu'à ne plus penser à cela.

L'oubli me fut d'autant plus facile que mon amour avait été emporté par la terrible secousse, ainsi qu'une feuille dans une tourmente, et le joli visage de Fiorella m'apparaissait comme une pâle figure estompée dans le lointain, presque évanouie déjà.

Ce fut donc de fort bonne grâce et d'un air tout à fait dégagé qu'après un instant de réflexion je rendis leur salut aux voyageurs qui m'avaient réveillé.

— A qui ai-je l'honneur de parler ? demandai-je.

— A maître Murano, orfèvre, et au marquis Maugiri, son ami.

— Ce sont là des noms que l'on cite à Palerme ; le mien n'est pas digne de leur être comparé, et il n'aurait aucun lustre, s'il n'avait l'honneur d'être connu de vous… Car je pense que vous m'avez nommé tout à l'heure ?

— Il est vrai, dit le marquis. Pendant une retraite que je fis chez les Ben-Fratelli, de Castelgirone, je vous ai vu plus d'une fois en compagnie d'un vieux moine qui se mêlait d'alchimie, ainsi que d'autres sciences hermétiques, et qui était votre maître. Cependant, que faisiez-vous dans cette singulière alcôve, seigneur Balsamo, s'il n'y a pas d'indiscrétion à vous le demander ?

Je n'ai jamais aimé les personnes curieuses ; mais l'air tout à fait honnête et même un peu niais du marquis et de l'orfèvre avait de quoi me rassurer, et puisqu'on me connaissait pour l'élève d'un alchimiste, je résolus de faire l'habile homme.

— Je m'étais endormi pour consulter mes songes à propos de la route que je dois suivre, répondis-je sans hésiter. Depuis longtemps je projette un grand voyage en Asie et en Afrique, et, hier soir, ayant observé que la conjonction des planètes était favorable, je me suis décidé à partir.

— Puisque vous vous éloignez de Palerme, dit courtoisement le marquis, permettez-nous de vous offrir une place dans notre carrosse. Tout chemin mène en Asie, et votre compagnie nous fera honneur.

Dès que nous fûmes assis dans le carrosse, qui avait assez bon air pour un carrosse de campagne, le cocher toucha les chevaux, et l'orfèvre reprit :

— Ainsi, seigneur Balsamo, mon compère ne s'est point trompé ? Vous vous occupez de cabale ?

— Cela se pourrait bien.

— Et cette cabale, poursuivit-il, enseigne les moyens de découvrir les trésors cachés ?

— Incontestablement. Mais est-ce donc de la recherche d'une somme enfouie que s'inquiètent vos seigneuries ?

— Voici l'histoire, dit le marquis Maugiri. En consultant des papiers de famille, j'ai trouvé des notes fort intéressantes sur un trésor que l'un de mes ancêtres doit avoir enterré dans une espèce de caverne, près de Saint-Pierre-en-Mer. J'ai fait confidence de ma découverte à mon compère Murano…

— Qui a bien payé pour cela, dit l'orfèvre.

— Oh une misère.

— Mille ducats !

— Fi ! les regrettez-vous ?

— Non, dit l'orfèvre en soupirant.

Le marquis continua :

— Donc, Murano et moi, nous allions à Saint-Pierre-en-Mer, quand nous avons eu la fortune de vous rencontrer, et il est certain que grâce à votre science…

— Hum ! hum ! fis-je avec une toux de vieux savant, l'entreprise peut être longue et difficile.

— Vraiment ? dit Murano inquiet.

— Croyez-vous, seigneur orfèvre, qu'il n'y ait qu'à se baisser pour ramasser des trésors ? Pourtant, vous avez lu le *Magistère* ?

— Non.

— C'est dommage. Vous y auriez vu que la réussite s'obtient au prix des plus grands dangers !…

— Oh oh ! fit l'orfèvre.

— Que les démons préposés à la garde d'un trésor peuvent rouer de coups les gens qui le cherchent…

— Diantre !

— … lorsque ceux-ci omettent une seule des cérémonies magiques.

— Ohimé ! Vous ne m'aviez pas dit cela ! s'écria l'orfèvre parlant à Maugiri.

Je compris que j'avais été trop loin.

— En procédant avec prudence, repris-je, on peut éviter les inconvénients auxquels le dos du seigneur orfèvre ne paraît pas d'humeur à s'exposer. Mais voici l'heure du déjeuner. Nous arrêterons-nous dans cette auberge, d'où il sort une appétissante odeur de victuailles ? Il importe que nous suivions un régime très régulier, copieux et substantiel, et que nous ne buvions que du vin d'Asti dans des verres d'une pinte.

— Est-ce obligatoire ? demanda l'orfèvre.

— Obligatoire, c'est beaucoup dire. Cela est simplement indiqué. Quand on veut réussir, il ne faut rien négliger.

— C'est bien parlé, dit le marquis, et mon appétit est de l'avis de votre cabale.

Je ne raconterai pas dans son détail la comédie que je jouai pendait plusieurs jours, choyé par l'orfèvre, admiré par le marquis. Je n'eus pas à me plaindre de leur politesse, non plus que des repas faits en leur société, et cependant ma cabale était fort exigeante.

Il est vrai que je leur donnais quelques petites satisfactions, comme de visiter soir et matin avec eux la caverne de Saint-Pierre-en-Mer, comme de leur dire : « Vraiment, cette caverne a tout à fait l'air d'un lieu où l'on a caché quelque trésor ! » et cela les comblait de ravissement. En outre, je voulus bien accepter une bourse d'or, du poids de soixante onces, pour étudier les effets de l'attraction métallique et pour acheter la complaisance des démons gardiens ; ce fut l'orfèvre qui fournit la bourse. Je taillai une baguette divinatoire dans du bois de cornouiller, et même je réclamai la compagnie nocturne, — car la nuit est le temps convenable pour faire amitié avec les esprits subterranéens,

— d'une jeune fille aussi jolie que possible et parfaitement innocente. Le marquis m'amena une paysanne assez fraîche, en s'excusant de n'avoir pu trouver mieux. Je m'en accommodai, bien qu'elle ne me parût pas avoir la principale qualité requise par les rites de la cabale. Le fait est qu'elle nourrissait quelque tendresse pour un robuste gaillard appelé Malvoglio, batelier disait-il, pirate disait-on, qui passait en mer des semaines entières avec des garnements de son espèce, dans une vieille sardinière. Il ne se commettait pas un vol, ou même pis, dans une habitation du rivage mal close ou mal gardée, sans que le nom de Malvoglio fût mêlé à l'aventure. Un digne garçon, comme on voit.

La petite paysanne l'aimait fort ; mais elle s'en expliqua avec moi de telle façon que j'aurais eu mauvaise grâce à m'en plaindre.

Cependant, la nuit que j'avais désignée pour accomplir notre expédition magique arriva, et, parfaitement convaincu comme je l'étais que nous ne trouverions rien dans la caverne, sinon des tas de pierres écroulées, j'éprouvais quelque souci touchant le succès de cette affaire. Je résolus de m'en fier à la fortune, qui n'abandonne jamais les audacieux, quand ils ont suffisamment d'esprit.

Un peu avant minuit, nous quittâmes notre auberge avec un grand mystère et dans un ordre imposant.

Je marchais le premier, tenant d'une main la bourse et la baguette dont l'inclinaison devait désigner la place où était enfoui le trésor ; j'élevais de l'autre main une torche qui fumait dans les ténèbres. La jolie paysanne me suivait, tout habillée de blanc comme une catéchumène, c'est-à-dire vêtue de sa seule chemise qui, heureusement, était en toile épaisse ; d'ailleurs il faisait très obscur. Je gardais mon sérieux, mais la bonne fille ne pouvait s'empêcher de pouffer de rire et, plus d'une fois, par un badinage qui ne laissait pas que d'être imprudent, elle me chatouilla les côtes pour me faire rire aussi, car elle savait que j'étais extraordinairement nerveux. Quant à Murano et à Maugiri, qui formaient l'arrière-garde, ils avaient l'air grave et inquiet à la fois, comme doivent l'avoir des gens devant qui va s'accomplir un prodige.

La caverne avait deux issues : l'une donnant sur la route que nous suivions ; l'autre, beaucoup plus étroite, s'entre-bâillait entre des roches, du côté de la mer.

Nous fîmes halte devant la plus large des deux entrées ; je me sentais de plus en plus perplexe, lorsque l'orfèvre se rapprocha de moi et me dit :

— N'avez-vous pas parlé, le jour de notre rencontre, d'un danger possible de coups de bâton ?

— Il est vrai, seigneur Murano, mais une offrande de soixante onces d'or apaise presque toujours les esprits gardiens des trésors.

— Presque toujours ?

— Oui, seigneur.

— Un pareil présent s'est donc trouvé insuffisant quelquefois ?

— Je le confesse. Beaucoup de ces esprits montrent une cupidité extrême.

— Diantre ! diantre ! dit l'orfèvre. Et quelle somme faudrait-il leur offrir pour ne courir aucun péril de bastonnade ?

— Il est sans exemple que leurs mauvaises intentions n'aient pas été changées par un don de cent onces d'or.

— Eh bien dit Murano en soupirant, ajoutez les quarante onces que voici aux soixante qui sont dans la bourse.

A vrai dire, je fus touché par la candeur de ce brave homme, et pour un peu je me fusse écrié que j'étais, moi un imposteur, et lui un imbécile ! Mais je pensai qu'il n'aurait pas été courtois d'adresser un aussi fâcheux compliment à un personnage honorable, plus âgé que moi, et duquel, en somme, je n'avais reçu que de bons offices. Non, je ne pouvais pas blesser à ce point l'excellent seigneur Murano ! Je réprimai donc un mouvement qui eût choqué les convenances, et je reçus les quarante onces avec émotion.

Dès que nous fumes entrés dans la caverne, qui se trouva être pleine de brouillard, j'éteignis tout à coup la torche contre le sol, et je poussai dans l'ombre un hurlement effroyable que répétèrent les échos. La paysanne épouvantée se mit à crier, pris de panique à leur tour, l'orfèvre et le marquis joignirent à ce concert des gémissements d'effroi, et comme des oiseaux de nuit, réveillés par nos clameurs, battaient de l'aile au-dessus de nos têtes en allumant leurs yeux d'or, ce fut toute une diablerie dont j'eus lieu d'être assez satisfait.

Mon projet, que j'avais conçu soudainement était d'une simplicité ingénieuse. Avant que mes compagnons fussent revenus de leur première terreur, je gagnerais à tâtons l'issue étroite de la caverne, du côté de la mer, et je savais assez ce que valaient mes jambes pour être sûr qu'une fois échappé je serais peu aisé à rejoindre.

Pendant que mes gens ne cessaient de gémir, je me dirigeai le long de la paroi pierreuse, vers l'endroit où se trouvait l'ouverture ; je ne manquai pas, en marchant, de moduler les cris les plus divers et les plus épouvantables ; toute une meute de démons n'eût pas fait un plus affreux vacarme. Cependant je devais me rapprocher de l'issue ; encore quelques pas, et j'étais dehors ! Mais j'eus la maladresse de laisser choir la bourse et la baguette divinatoire que je tenais dans la même main, ainsi que je l'ai dit.

Abandonner les cent onces d'or ! J'étais incapable d'une telle vilenie. Je me baissai, je tâtai le sol, j'eus bientôt retrouvé la baguette et la bourse. Mais, chose surprenante, lorsque je voulus les ramasser, il me sembla qu'elles étaient devenues étrangement lourdes, ou plutôt qu'elles étaient attachées au sol. De quelle façon ? Je ne pouvais le comprendre. Je fis un violent effort en les attirant à moi. Alors, il se produisit un craquement terrible ; la terre trembla sous mes pieds, et, en même temps je reçus sur le crâne, sur les épaules, sur les reins, un éboulement ruisselant et sonore de menus objets très durs ; ce fut comme si j'étais accablé sous une énorme averse de pierreries et de lourdes monnaies.

Qu'arrivait-il ? Ma baguette était-elle tombée d'elle-même sur le point qu'il fallait toucher pour en faire jaillir un trésor ? Il y avait donc un trésor ! et moi, Joseph Balsamo, j'étais donc un sorcier véritable !

J'eus un autre sujet d'étonnement ; le tumulte redoubla dans la caverne ; des bruits de pas, des jurons sans nombre, des exclamations de colère et d'épouvante ; il était impossible que tout ce fracas fût produit par mes seuls compagnons ! les esprits gardiens du trésor devaient avoir jailli de dessous terre. Ce qui me confirmait dans cette pensée, c'est que je reconnus la voix de Murano, criant plaintivement : « Aïe ! aïe ! je suis rompu ! moulu ! Grâce, messieurs les diables, je vous demande grâce ! Trois cents onces d'or, si vous voulez, vous les aurez. Mais, par pitié, épargnez mes pauvres épaules ! » Ma foi, je commençai à ne pas être exempt d'une certaine appréhension, — ce qui néanmoins ne m'empêcha pas de remplir toutes mes poches de toute la monnaie que je pus ramasser autour de moi. Je fus bientôt rassuré, à un certain point de vue, par d'autres paroles qui, pour être féroces, n'avaient rien de diabolique. « Ah ! ah ! canailles ! voleurs ! traîtres ! bandits ! vous vous êtes introduits dans la caverne de Malvoglio, pour dérober le trésor que nous avons amassé au péril de nos jours ! Que Satan m'emporte au fond du Gibel, si je ne vous fais pas périr sous le bâton ! » Tout s'expliquait. C'était dans la caverne où nous étions que Malvoglio et ses compagnons cachaient le produit de leurs vols et de leurs pillages ; la paysanne nous avait trahis, s'imaginant qu'on en voulait au butin de son amant, et celui-ci nous avait préparé une embuscade. Quant à l'averse imprévue de monnaies qui s'était écroulée sur moi, elle n'avait rien de fantastique non plus ; ma baguette et ma bourse, en tombant, s'étaient sans doute engagées dans l'anneau de quelque trappe et, en tirant violemment, j'avais dû faire jouer le ressort d'une cachette creusée dans la paroi. Quoi qu'il en fût, je me relevai vivement et, malgré la lourdeur de l'or, de l'argent, — peut-être du cuivre — dont j'avais bourré mes poches, je m'élançai hors de la caverne par l'étroite sortie qui laissait voir le bleu lointain de la mer et du ciel. Longtemps encore j'entendis les plaintes du pauvre Murano, qui vraiment me fendaient le cœur.

Je m'étais dérobé au péril immédiat, mais j'étais bien loin d'être hors de danger. Les pirates ne tarderaient pas à s'apercevoir de ma fuite et de mes emprunts ; ils se mettraient à mes trousses, et si rapidement que je courusse, ils avaient des chances de me rattraper.

Je me suis souvent demandé par quelle puissance surnaturelle je me suis vu garanti dans la plupart de mes aventures. Je n'ose croire que ce soit Dieu lui-même qui ait daigné prendre ce soin, bien qu'à la vérité je me sois toujours cru aussi digne de son assistance que nombre de gens, papes, rois ou empereurs, qui l'invoquent à tout propos et affirment qu'il se mêle de toutes leurs affaires, même de celles qui sont du ressort du diable, évidemment.

Comme j'étais passablement empêché, j'aperçus une grande barque de pêche, portant encore sa voile, qui se balançait gracieusement à peu de distance du rivage. Ce devait être le bateau de Malvoglio et de ses compagnons. Je me jetai dans l'eau fraîche et bleue ; en quelques enjambées j'atteignis l'embarcation, qui était abandonnée, ainsi que je l'avais prévu. Je m'y hissai, je levai l'ancre, et une faible brise enflant la voile, je pointai au large sur la nappe calme et imperceptiblement mouvante de la Méditerranée.

Alors, dans la douceur de l'air, dans la mollesse du balancement des eaux, sous la lune qui se leva, belle comme une jeune femme, je comptai ma fortune et j'interrogeai ma conscience.

Tant en or qu'en argent et en cuivre, je possédais la valeur de six mille ducats environ, — y compris les cent onces de l'orfèvre Murano ; pour ce qui était de mes péchés, ils me parurent tout à fait véniels. J'emportais une somme qui ne m'appartenait pas sans doute ; mais à qui l'avais-je prise ? A des voleurs ! Mon action avait quelque chose de louable en ce qu'elle châtiait des criminels. La bourse m'inquiétait davantage ; vraiment j'avais quelques remords nés de la simplicité et de l'honnêteté de Murano. Je conçus un sage projet. Le digne orfèvre s'était ouvert à moi d'une affaire qui lui causait de grands ennuis ; des communautés religieuses l'avaient dépossédé d'un héritage, par suite d'un défaut de forme dans ses titres de propriété. Je me promis d'envoyer à Murano d'autres titres parfaitement en règle, — car je les ferais moi-même, — qui lui permettraient de rentrer en possession de son bien.

En effet, je les lui adressai quelques mois plus tard, et il en usa fort honnêtement, l'excellent homme. De méchantes gens ont blâmé ma conduite en cette conjoncture, mais je n'ai jamais pu arriver à me repentir d'un tort fait à des moines, de même que je n'ai aucun regret d'avoir pris de l'argent à des pirates.

Cependant la barque voguait doucement entre le double azur de l'onde et du firmament assombri. Où allais-je ? qu'importe ! le temps était beau, la direction d'une sardinière n'était pas pour embarrasser un enfant de Palerme, et il y avait à bord des provisions suffisantes pour plusieurs jours de navigation. Couché sur le dos, tout au long, je humais le bleu de l'air et de la lune ; une bouteille de Marsala, bue à lentes gorgées, avait merveilleusement prédisposé mon esprit à ces vagues et délicieuses rêveries qui se dispersent peu à peu dans la brume du sommeil.

Un bruit de castagnettes et de tambourins m'éveilla joyeusement. Je crus d'abord que je dansais en rêve ! Mais non ; je voyais les planches de la barque et la claire pâleur du ciel, rosée à l'orient. Je me dressai. Ce qui avait sonné cette diane du plaisir, c'était un grand bateau tout pavoisé d'oriflammes, où des masques extravagants, arlequins et colombines, cœlios de velours et cœlias de satin, pulcinellas et pulcinellinas dansaient une ardente tarentelle, au milieu de l'immense mer çà et là pailletée d'argent dans les buées transparentes du matin ; je pensai d'abord que j'assistais à quelque fantasque carnaval de tritons et de néréides, supposition qui n'avait rien d'absurde, puisqu'enfin l'art des déguisements fut inventé, comme chacun sait, par le dieu marin Proteus.

— Holà ! masques, qui êtes-vous, et où allez-vous ?

— *Facileto pavato !* la demande est stupide ! riposta un énorme Brighella. Tu sais qui nous sommes, puisque tu nous appelles « masques », et où pourrions-nous aller, sinon à Naples, où se donne le plus beau des carnavals ?

Et là-dessus le Brighella entonna cette burlesque chanson pendant que les autres dansaient encore :

Chaque vigne a sa grappe
Et chaque astre son feu ;
Rome dit : « J'ai le Pape ! »
Et le ciel dit : « J'ai Dieu ! »
Mais sous la brocatelle
D'un éternel gala,
Naple a la tarentelle
Avec Pulcinella !

— Par Saint-Janvier ! m'écriai-je, j'ai bonne envie d'aller avec vous.
— As-tu un masque ?
— Non.
— Nous t'en prêterons un. As-tu une maîtresse ?
— Non.

— Nous t'en prêterons une. As-tu de l'argent ?

— Oui.

— Tu nous en prêteras.

La barque-pirate manœuvra vers le bateau-masque ; les danseurs me prirent à leur bord ; et telle fut la série d'aventures, — car les voies de Dieu sont mystérieuses, — qui me permit d'avoir le nez tout écorché par les confetti des dames napolitaines, et le cœur bien plus meurtri encore par les œillades de celle qui devait clore ma jeunesse et doubler ma vie… Mais que resterait-il pour le chapitre prochain, si je disais tout dans celui-ci ?

VII
J'explique comment Jupiter a pu prendre la place d'Amphytrion, et je rencontre Alcmène en domino rose.

Un paradis où les anges seraient vêtus en Isabelles et en Colombines, tel est le Corso de Naples pendant le carnaval. Jeune comme j'étais et bien fait de ma personne, on imagine aisément que je tentai plus d'une belle folie amoureuse ; j'en menai trois ou quatre à bonne fin. Je ne manquais pas d'assurance, à cause de l'argent que j'avais, et surtout à cause du nom que je commençai dès lors à porter. Le comte de Cagliostro ! cela sonnait bien. Remarquez que j'avais parfaitement le droit de me faire appeler de la sorte, en souvenir de l'un de mes oncles, et parce que je m'étais fabriqué des titres de noblesse tout à fait authentiques. Quant aux façons de gentilhomme, nécessaires pour se pousser auprès des dames, je n'étais pas maladroit à me les assimiler. Il faut même que j'insiste, en passant, sur la faculté d'imitation qui m'a toujours distingué ; elle donnera la clef de quelques-unes de mes aventures qui, sans cela, paraîtraient peu compréhensibles. Avec un peu d'étude et une certaine contention d'esprit, je parvenais, non pas à modifier mes traits eux-mêmes jusqu'à les faire ressembler parfaitement à ceux de quelque autre personne, mais à copier ses allures, son regard, son sourire, tout l'air de son visage. Pour y réussir, je tâchais d'avoir une connaissance intime du caractère de mon modèle ; je m'efforçais de penser ses pensées, de m'identifier moralement à sa nature ; et pourvu qu'il ne fût pas dans des conditions physiques trop éloignées des miennes, j'obtenais d'extraordinaires effets de ressemblance, basés quelquefois sur d'imperceptibles manies, sur des nuances, sur des riens, sur ces échappées involontaires qu'on pourrait appeler l'extériorité de l'âme. Peut-être ai-je abusé quelquefois, dans des rendez-vous crépusculaires, de ce don précieux. Mais il n'y avait pas grand mal, et ce sont de menues peccadilles. L'important était de ne pas tromper sur la qualité.

C'est précisément sur ce point que je faillis être dupé pendant le carnaval de Naples. Je faisais « Corso », par une belle après-midi, me laissant heurter et fouler par le peuple, lorgnant les dames aux balcons, adressant des galanteries ou des quolibets aux carossées de masques, quand je vis arriver une calèche où se trouvaient deux personnes : un jeune homme à l'air grave et une dame fort parée, qui me parut d'une beauté rare et d'une coquetterie non moins singulière. Elle distribuait à droite et à gauche des sourires, et même des baisers, d'un peu loin il est vrai. Enveloppée d'un domino de soie rose qui laissait voir un cou d'une blancheur éblouissante, elle agitait avec une aimable afféterie une petite tête la plus adorable du monde, et son masque de velours, large de deux doigts, ne servait qu'à mettre en lumière, dans un cadre sombre, deux yeux incomparables qui me troublèrent jusqu'à l'âme. Un minois frais et riant, une petite bouche qui était un écrin de perles, de beaux cheveux noirs, courts et bouclés, donnaient à cette charmante fille un air délicieux d'adolescence à peine mûre. La mignonne s'amusait de tout son cœur, renvoyant aux passants les dragées et les bouquets qui pleuvaient sur elle. J'en reçus un par le nez, lancé peut-être à dessein, car j'étais planté devant elle et ne cachais pas mon admiration. J'attrapai les fleurs à la volée, et, après y avoir mis un baiser, je les jetai sur ses genoux.

Dieu du ciel ! que vis-je alors ? Cet ange me tira la langue.

Mes illusions défaillirent. Quoi ! avais-je admiré quelque banale et impudente créature ? Non, non, non ! ces yeux, cette gaieté, cette candeur visibles ne pouvaient me tromper ; l'inconnue n'était point une courtisane. Une pensionnaire plutôt ! la malice dont j'avais été victime n'était qu'une extravagance de fillette.

Devant ma surprise, elle éclata de rire, en me désignant à son compagnon, grosse figure sournoise, qui me regarda d'un air de commisération. Cela me piqua ; je suivis leur calèche pendant les allées et venues qu'elle fit sur le cours ; je ne manquai pas d'échanger mainte œillade avec la jeune femme qui semblait se plaire à ce manège. Un moment vint où, feignant d'être blessée par son masque et sous ombre de l'arranger, elle se découvrit le visage avec un sourire qui m'était certainement adressé. Elle était parfaitement belle, j'en devins parfaitement amoureux.

Comme je ne pouvais me méprendre sur ses bonnes dispositions, je continuai de suivre la voiture avec une persistance qui fut récompensée. Nous arrivâmes à l'hôtel d'Angleterre, où le couple descendit. Il était évident que j'avais affaire à des étrangers, ou à des Italiens de petite ville, venus à Naples pour y passer les meilleurs jours du carnaval. De nouveaux épousés peut-être, faisant leur voyage de noces ? L'indifférence avec laquelle ils se traitaient ne s'opposait pas à cette hypothèse. Le mariage a ses mystères.

L'hôtelier consentit à me montrer son livre de police. Les deux voyageurs étaient inscrits sous ces noms : « Roméo Staffi, Lorenza Feliciani. » C'était de

Rome qu'ils venaient. Par une servante, que je payai bien, j'appris en outre que le signor et la signora avaient une chambre à deux alcôves et ne dormaient pas sous le même ciel de lit. Ce Roméo Staffi était un imbécile.

Je réfléchissais à ces choses, quand le signor entra dans la salle commune, suivi de la signora Lorenza qui se mit à rire en m'apercevant.

Elle était démasquée ; je n'avais jamais vu d'aussi belle personne !

Sa gaieté ne laissait pas que de me confusionner un peu ; le cavalier, clignant de l'œil d'un air narquois, me dit à brûle-pourpoint :

— Avouez que vous mourez d'envie de faire notre connaissance ?

Je l'avouai franchement, m'excusant sur la liberté du carnaval, et sur une égratignure que m'avait faite un bouquet de roses et dont je voulais demander raison à « madame ».

— Dites « mademoiselle », répondit Roméo.

— Pourquoi donc ? fit Lorenza.

Et nous voilà tous trois à nous regarder.

La jeune femme parlait avec une voix vibrante et sonore, une adorable voix de contralto. Elle reprit sans nul embarras et en riant de plus belle :

— Il est certain que s'il suffit de ne pas être mariée pour être demoiselle, je suis une demoiselle véritable ; mais s'il suffit de ne pas être demoiselle pour être mariée, je suis mariée aussi.

Je ne compris pas un mot à ce discours plaisant ; par bonheur, le seigneur Roméo voulut bien me tirer de gêne.

— La vérité, monsieur, c'est que nous sommes fiancés malgré la volonté de nos parents, et que nous courons le monde dans l'espoir de les décider à nous unir. Mais notre vie, en dépit des apparences, est parfaitement irréprochable...

Irréprochable ! triple sot ! Pourtant cette stupidité n'était pas pour me déplaire, et, touché de leur confiance, je me mis à la disposition des deux amants. Je leur offris mes conseils, ma bourse, mon épée, — et un dîner qu'ils acceptèrent sans façon.

Vraiment, le repas fut très intéressant, d'autant que les petits souliers de Lorenza, sous la table, ne semblaient pas avoir pour les miens une antipathie insurmontable, et aussi parce que mes nouveaux amis complétèrent leurs confidences.

La belle Lorenza était la fille d'un passementier de Rome. Touchante conformité ! mon père avait été passementier à Palerme ! mais je me gardai d'en souffler mot, pour ne pas contredire mes nobles parchemins. — C'était à l'église de la Trinité des Pèlerins, où elle était fort assidue, que Lorenza avait fait la connaissance de Roméo. De quelle façon ? En se confessant à lui. Roméo était prêtre en effet, ce qui m'expliqua l'air un peu taciturne empreint sur les traits de ce bizarre amoureux. Mais il espérait quitter les ordres pour se marier ; il était en instance à ce sujet auprès du saint-père. Ces « désordinations » ne sont pas impossibles, et, appuyé par de hautes protections, Roméo comptait réussir. Le fâcheux, c'était que les parents de Lorenza, loin de se prêter au mariage secret que Roméo avait voulu contracter, en attendant l'issue de son instance, avaient fait enfermer leur fille au couvent de l'Annonciade et défendu leur porte au jeune prêtre. Roméo, pour leur forcer la main, avait enlevé la belle Romaine, et il la promenait à Naples dans l'honnête dessein de la compromettre outrageusement.

L'affaire me parut grave. Le Saint-Office pouvait s'en mêler. Il est malséant que les prêtres enlèvent les filles, même dans l'expectative d'un mariage douteux.

Je développai ce raisonnement aux jeunes gens qui m'écoutèrent avec attention. Je leur parlai des suites probables de leur escapade. Je ne pouvais supporter l'idée que Lorenza pût être mise en prison, et je lui fis à ce sujet les remontrances les plus vives, emporté par un intérêt que je ne pouvais dissimuler.

— Ohimé ! s'écria Roméo en riant, je crois que vous êtes amoureux de ma fiancée ?

— C'est vrai, répondis-je, et je vous l'enlèverais de grand cœur, si elle m'aimait. Mais je suis prêt à me dévouer à vous deux, puisqu'elle vous aime. Qu'avez-vous à répondre à cela ?

— Rien, dit-il, sinon que je vous suis fort obligé ; et puisque Lorenza vous paraît jolie, je vous autorise à l'embrasser.

Per Baccho ! je pris la balle au bond et m'avançai vers Lorenza que je saisis entre mes bras, malgré sa résistance assez robuste. Roméo riait à se tordre. Il me parut d'une pâte à faire un excellent mari. Cependant la signora me repoussait sérieusement, mais en riant elle-même, ce qui la rendait maladroite à se défendre. Elle esquiva mon premier baiser, reçut le second, et répondit au troisième par un soufflet.

— N'allons pas plus loin, dit Roméo en s'interposant. J'ai promis à Lorenza de la conduire au spectacle. Aurons-nous l'honneur de votre compagnie ?

— A une condition, dis-je, c'est que la signora m'accordera la permission de baiser la main qui m'a si rudement frappé.

— Oh ! point du tout, dit-elle.

— En ce cas, répondis-je, je n'irai point avec vous.

— C'est comme il vous plaira, seigneur comte.

Les amoureux partirent. Je m'étais dépité mal à propos et, par un caprice, perdais l'occasion de passer une bonne soirée. Un baiser sur la main, eh ! je lui en aurais donné bien d'autres ! Les façons d'agir de son amant me permettaient à cet égard des espérances. J'aurais dû rentrer chez moi ; avec la lâcheté naturelle à l'amour, je demeurai à l'hôtel sous de vagues prétextes. J'avais besoin de revoir Lorenza avant de m'endormir, et parfois je me demandais si ces bizarres fiancés ne me permettraient pas de dresser un troisième lit dans leur chambre.

Pendant que je me livrais à ces imaginations galantes, voilà un grand bruit devant la porte de l'hôtel, une foule rassemblée, puis des soldats, des exempts et un officier de justice qui entrent avec fracas.

L'hôte salue jusqu'à terre et roule son tablier entre ses doigts. On apporte le registre de l'hôtel, l'officier déclare qu'il met en état d'arrestation Roméo Staffi et Lorenza Feliciani pour divers crimes à connaître par le tribunal de la Sainte Inquisition romaine. On monte chez les jeunes gens, on ne les trouve pas. Seul, je savais qu'ils étaient à San-Carlo. Je m'esquive à la faveur du tumulte ; je loue une chaise de poste et de bons chevaux ; je passe à mon logement où je prends de l'argent et un porte-manteau bien garni ; puis j'envoie ma voiture stationner dans une ruelle voisine du théâtre. A San-Carlo, je ne cherchai pas longtemps mes étourdis. Ils étaient au premier rang d'une loge, bien en vue, et marquaient la mesure en dodelinant de la tête.

Toutefois, au premier signe que je leur fis, ils se levèrent pour me rejoindre ; j'avais sans doute la figure bouleversée.

— Pas un mot, pas un geste ! Nous causerons sur la grand'route. On est venu pour vous arrêter ; il faut fuir sans perdre un instant.

Nous arrivons dans la petite rue où la chaise nous attendait ; mais, au moment où nous en approchons, la portière s'ouvre, et j'en vois sortir un homme avec une grande épée, qui me salue poliment.

C'était l'officier de police.

— Seigneur comte, dit-il, vous vous êtes donné beaucoup de peine pour trouver un carrosse que je vous aurais offert moi-même. Puisque vous avez loué celui-ci, nous en profiterons. Vous commettiez d'ailleurs une grave imprudence ; les routes ne sont pas sûres ; voyager de nuit, sans escorte, est une chose hardie. Nous ne souffrirons pas qu'il vous arrive malheur. J'ai amené avec moi quelques braves gens qui se tiendront devant et derrière votre voiture ou galoperont aux portières. Voulez-vous passer, belle inamorata ? ajouta l'affreux railleur en offrant la main à Lorenza. A vous, monsieur l'abbé ! A vous, monsieur le comte !

Je réfléchis que je pourrais servir ces jeunes gens plus utilement, si je ne me laissais pas envelopper dans leur désastre, et je reculai d'un pas en m'excusant sur des affaires que je voulais terminer à Naples.

— Eh quoi dit le coquin qui se moquait de nous, vous abandonneriez une aussi belle dame dans son malheur ? Je ne veux pas le croire pour votre honneur. Montez, je vous prie.

— Avez-vous un mandat contre moi ?

— Contre vous, seigneur ? Oh ! vous êtes trop sage ; mais vous serez fort utile à la justice pour l'éclairer. Montez de bonne grâce. J'aurais tous les regrets du monde de vous faire donner dans le dos des coups de crosse de mousquet.

Il fallut obéir. Je me plaçai sur le devant de la voiture, en face de Lorenza, qui dut forcément croiser ses genoux avec mes jambes. Cela me fut une sorte de consolation. L'exempt entra quatrième, ferma la portière, et nous voilà partis pour Rome.

Je passai la nuit aussi chastement que le permirent les cahots de la chaise, bercé de rêves doux et lointains, regardant fuir la campagne sous un beau clair de lune.

La nuit s'écoula, puis la matinée. Vers la fin de l'après-midi, nous aperçûmes à l'horizon le dôme de Saint-Ange, et nous nous arrêtâmes à Pizzo pour relayer une dernière fois. Je fis servir une collation, avec l'autorisation de l'officier qui s'était fort humanisé avec nous.

Nous étions encore à table lorsque entra dans l'hôtellerie un grand homme sec, habillé de noir, porteur d'une longue baguette, et dont le nez ressemblait à celui d'un oiseau de proie. J'appris bientôt que c'était le barigel du Saint-Office. L'Inquisition venait au-devant de nous ; c'était un grand honneur qu'elle nous faisait.

— Monsieur l'officier, dit brutalement le barigel, j'ai reçu votre message, et je vous annonce que vous êtes un sot. Quels sont les gens que vous m'amenez ?

— Per Baccho ! dit l'officier, ce sont les gens que vous m'avez chargé d'arrêter, Roméo Staffi et Lorenza Feliciani.

— Le ciel vous confonde ! J'arrive du couvent de l'Annonciade où j'ai vu la signora Lorenza elle-même. A la vérité, elle ressemble quelque peu à madame, mais on n'est pas agent de police pour se laisser prendre aux apparences. Quelles preuves avez-vous de l'identité de vos prisonniers ?

— Excellence, leurs noms écrits par eux-mêmes sur le registre de l'hôtel où ils étaient descendus : Roméo Staffi et Lorenza Feliciani.

— Pardon, interrompit notre belle compagne, il n'y avait pas Lorenza, mais Lorenzo.

— Lorenza, Madame.

— Lorenzo, Monsieur.

— J'ai vu l'*a*.

— Et moi j'ai écrit l'*o*, — peut-être avec un paraphe ; mais ce sont ornements d'écriture qui n'ont rien de criminel.

— Vous osez soutenir, cria l'officier, que vous êtes un homme ?

— Qu'on me donne une épée, et je le prouve ! répondit effrontément ma passion.

— Eh bien ! dit le barigel à l'officier, êtes-vous un sot, oui ou non ?

Roméo prit la parole :

— Bien des gens s'y sont trompés, Excellence, mais puisque mon innocence est reconnue, nous ferez-vous la grâce de manger un melon en notre compagnie ?

Dieu juste ! j'étouffais. Avoir été dupé, joué, bafoué à ce point ! Et pourtant, je demeurais, malgré l'évidence, dans une confusion d'esprit singulière ; je regardais cet adolescent qui jouait si bien les filles, et ne pouvais me persuader encore que je me fusse trompé.

Enfin je dis au jeune masque, avec une émotion où perçait une sourde colère :

— Ainsi, vous vous êtes moqué de moi ?

— Bah ! en carnaval ! répartit le jeune drôle.

— Vous souvenez-vous au moins du soufflet que vous m'avez donné ?

— Allez-vous me chercher querelle ?

— Certes ! criai-je.

— Eh bien, sortons, dit-il.

Dès que nous fûmes sur la route, je repris :

— Où trouverons-nous des armes ?

Il éclata de rire.

— Oh ! le méchant caractère ! Suis-je donc coupable parce que j'ai dix-sept ans et que je suis beau ? Quand vous m'aurez vu casser quelques pots et pousser quelques filles, vous ne vous y tromperez plus. Un soufflet, la belle affaire ! Vous me le rendrez à notre première dispute. Nous trouer la peau pour un pareil sujet, ce serait absurde, seigneur comte ! Attendez que je vous aie emprunté votre maîtresse. Allons, riez de l'aventure, c'est le meilleur parti, et pour faire ma paix avec vous, je vous promets un baiser de ma sœur.

— Vous avez une sœur ? dis-je.

Et j'eus grand'peine à ne pas ajouter : « aussi belle que vous ».

— Eh oui, j'ai ma sœur Lorenza, qui me ressemble en mieux, comme une étoile ressemble à une chandelle. L'histoire que nous vous avons racontée, Roméo et moi, est vraie de point en point, et c'est pour distraire ce pauvre abbé, qui est fort à plaindre depuis que l'on a mis Lorenza au couvent, que j'ai consenti à jouer le rôle de ma sœur pendant quelques jours de carnaval.

— Vous me présenterez à la signorina Lorenza ?

— Sans doute.

— Quand cela ?

— Demain, dès que vous le voudrez. L'Annonciade n'a pas la clôture sévère. On y loge les filles désobéissantes, lorsqu'elles ne sont plus d'âge à recevoir le fouet.

Qu'eût fait tout autre à ma place ? Je me composai le meilleur visage que je pus, pour ne pas avoir l'air trop ridicule, et je tendis la main à mon nouvel ami.

Deux heures après, il y avait quatre hommes parfaitement ivres dans l'hôtellerie de Pizzo.

L'abbé buvait comme un barigel, et le barigel comme un abbé ; Lorenzo leur tenait tête vaillamment ; quant à moi, j'avais vidé tant de gobelets à la santé de ma future conquête, que, si je n'avais pas été le comte de Cagliostro, j'aurais été gris comme un bourgeois. Quand je vis que nous étions sur le point de nous laisser glisser de nos chaises, je priai Lorenzo d'emprunter des habits de son sexe à un garçon de l'auberge, de peur de quelque méprise.

VIII
Lorenza.

Il se passa une chose dont j'eus lieu d'être satisfait le jour même de notre arrivée à Rome, l'abbé Roméo, dont l'escapade était connue, fut prié par ses supérieurs de garder les arrêts dans une cellule des Célestins. J'en étais bien plus libre de faire ma cour à sa fiancée.

J'aurais voulu me vêtir galamment pour me présenter au parloir de l'Annonciade ; hélas ! mes bagages étaient restés à Naples et ne devaient arriver qu'au bout de quelques jours.

Je fis donc ma visite en simple équipage, mais si violemment parfumé que j'en avais mal à la tête. C'était la mode napolitaine, et les dames appréciaient fort ce raffinement.

Je vis apparaître la belle Lorenza en costume de pensionnaire ; sa vue me troubla tellement que j'en demeurai muet et ne pus que la saluer en balbutiant des paroles indistinctes. Elle n'était pas seulement belle, mais d'un attrait surnaturel et d'une séduction irrésistible. Ses traits fins et réguliers, purs comme ceux d'une madone, avaient une mobilité extrême, une expression saisissante. Il ne pouvait rien se passer dans son cœur qui ne fût visible sur son visage. C'était encore une enfant ; sa candeur transparaissait dans ses grands yeux clairs ; mais un gracieux embonpoint révélait ses dix-huit ans à tous les yeux. Svelte et superbe à la fois, elle avait l'ondulation du cygne et la démarche molle et caressante des chattes. Je ne dis rien, je ne m'emportai pas, mais je pensai : « C'en est fait. J'ai rencontré la femme qui fera le tourment ou les délices de mon existence tout entière. »

Cependant, son étourneau de frère la faisait rire de bon cœur, en lui racontant, avec une verve de Pasquino, l'histoire de notre voyage et mes entreprises amoureuses. La petite sœur avait su le complot des deux jeunes gens et ne s'y était pas opposée. Loin de lui en vouloir de sa gaieté, j'étais charmé qu'elle s'occupât de moi, même pour s'en moquer un peu. Mais elle cessa de rire, quand son frère lui parla du baiser qu'il m'avait promis ; elle rougit et me tendit son doigt à travers la grille, n'accordant à mes lèvres que le bout d'un petit ongle rose. Il en sortit une secousse inconnue qui m'alla jusqu'au fond du cœur.

Je ne cherchai pas à prolonger cette entrevue. Toutes les âmes vraiment sensibles me comprendront : il me tardait de quitter Lorenza, afin de me souvenir d'elle. Lorenzo me conduisit au cabaret, directement ; il fit apporter du vin de Poli à une piastre la bouteille, et me laissa rêver ou parler à mon gré, pendant qu'il se grisait au sien. Toutefois, quand je lui déclarai que le comte de Cagliostro était résolu à épouser Lorenza Feliciani, il me fit observer qu'il y avait de grandes difficultés à cela ; que ses parents ne me connaissaient point ; que Roméo tenait à sa maîtresse et avait pour protecteur un cardinal-prêtre ; que les cardinaux étaient habillés de rouge ; que le pape avait les clefs du Paradis…

— Lorenza aussi ! m'écriai-je.

Il affirma qu'elle aimait singulièrement son abbé, et qu'elle était fort têtue ; ajoutant que lui, Lorenzo, connaissait dans le Transtevere une très belle fille, remarquable par sa bienveillance envers les étrangers, et qui ferait bien mieux mon affaire que sa bégueule de sœur.

Je le remerciai de son offre obligeante, mais je répondis que je tuerais Roméo, au besoin ; que j'avais, pour me faire aimer des femmes, des moyens inconnus au vulgaire, et que j'allais de ce pas parler mariage aux parents, comptant bien être appuyé par mon futur beau-frère, à qui j'offrais cent ducats à valoir sur mon cadeau de noces. Le jeune homme fut ébranlé, notamment par les derniers mots de mon discours.

— Cent ducats ! fit-il, parlez-vous de cent ducats d'or ?

— Je parle des cent ducats que voici, dis-je en les plaçant sur la table.

Car j'ai toujours l'habitude de porter beaucoup d'argent sur moi, — pour peu que j'en aie.

— Oh !!! s'écria le jeune homme qui se leva tout étourdi, voilà ce que j'appelle des façons de gentilhomme. C'est moi qui vous embrasse aujourd'hui, fit-il en appuyant ses lèvres sur mes joues, mais j'espère bien que Lorenza en fera un jour tout autant.

Je n'attendis pas une heure pour me présenter chez les Feliciani, précédé par l'aimable Lorenzo. Sa recommandation produisit un grand effet, mais un effet, je dois le reconnaître, diamétralement opposé à celui que j'étais en droit d'en attendre. Je commençais à exposer ma requête, quand le passementier, espèce de Cassandre très irascible, à ce qu'il me parut, et la passementière, forte matrone romaine, belle comme une ruine bien conservée, saisirent, lui une lourde chaise, elle un grand plumeau à épousseter les galons, et tombèrent de concert sur leur garnement de fils, qu'ils accusaient — bien injustement — d'être un coureur de filles et un pilier de cabaret ; quant à moi, je ne devais pas valoir mieux que mon protecteur, et je crois que, dans la bagarre, je fus quelque peu épousseté par le plumeau et assommé par la chaise.

Dès que je me retrouvai dans la rue, je rendis fidèlement à Lorenzo tout ce que j'avais reçu de ses père et mère. Le misérable ne se piqua point d'honneur et garda mes ducats.

Cela me soulagea de le battre, mais l'état de mes affaires n'en devenait pas meilleur. Je vis clairement qu'il ne me restait qu'une ressource : être aimé de Lorenza au point de la pouvoir décider à fuir avec moi.

Je dressai mes batteries en conséquence. J'allai la voir tous les jours au parloir de l'Annonciade, où je ne tardai pas à avoir d'aimables alliées. J'arrivais, chargé de bonbons, de fleurs et de cadeaux mignons ; je les distribuais aux bonnes sœurs qui venaient nous écouter. Bientôt elles ne craignirent pas de m'appeler « l'amant de Lorenza » ; elles me promettaient leur appui auprès d'elle. Hélas ! l'ingrate riait de leurs conseils. J'essayais de la dominer par la volonté, comme j'avais fait autrefois avec la pauvre Fiorella, mais je trouvais dans ses beaux yeux de redoutables adversaires. Ils me frappaient d'œillades acérées comme des lames, et quand je croisais mes regards avec les siens, ces rencontres semblaient des duels. Je finissais par l'emporter, mais à quel prix ! Lorenza baissait à peine ses longues paupières, et moi, je me sentais profondément blessé. Ce qui achevait de me rendre tout à fait malheureux, c'est que presque tous nos entretiens roulaient sur Roméo et sur l'amour qu'elle lui gardait. Elle me forçait d'aller au cloître des Célestins et de lui rapporter des nouvelles de son amant. Telle est la faiblesse du véritable amour que j'obéissais. Je suis persuadé d'ailleurs que cette cruauté était inconsciente et qu'elle ne voulait pas me faire de mal.

J'étais un esclave si soumis à ses caprices, une âme tellement sienne, un adorateur à tel point prosterné, que mes hommages ne lui étaient pas importuns ; elle ne voulait pas m'aimer, mais c'était sans courroux qu'elle me laissait l'aimer. Même je la surprenais quelquefois me regardant avec tendresse. Un jour, elle essaya de me faire le tableau du bonheur qu'elle rêvait ; j'avais une place dans ce groupe, et quand Roméo serait son mari, je serais son frère. Essayez donc de discuter ces choses avec une innocente dont on est séparé par une grille d'un pouce d'épaisseur !

Les choses en étaient là, lorsque l'assemblée ecclésiastique rendit une sentence qui dégageait mon rival de ses vœux ; il était fort protégé, je l'ai dit, par un cardinal-prêtre qui avait eu pour pénitente, autrefois, la mère de Roméo. Le jeune homme recouvra sur l'heure la liberté. Sa première visite fut pour la boutique des passementiers, qui n'avaient plus rien à objecter à son mariage ; la seconde pour le parloir de l'Annonciade. L'entrevue des deux amants (j'y assistais, hélas !) fut amoureuse et touchante, — trop amoureuse même. J'eus lieu d'être reconnaissant à la grille contre laquelle j'avais tant pesté.

— Adieu ! m'écriai-je tout à coup.

— Adieu ? pourquoi ? demanda Lorenza.

— Hélas ! vous savez bien que je vous aime, et Roméo ne doit pas l'ignorer. Épargnez-moi le plus cruel des supplices ; vous allez être heureux ; laissez-moi partir.

— Non, dit-elle, vous ne partirez pas. Après Roméo, vous êtes l'homme que j'aime le mieux au monde ; je serais à vous, si je ne pouvais être à lui. Vous resterez, ou je ne vous aimerai plus !

En lui disant « adieu », avais-je espéré qu'elle me retiendrait ? C'est possible. L'amour le plus sincère ne répugne pas à ces petites ruses. Quoi qu'il en fût, je promis de ne point partir ; mais loin de me résigner à mon malheur, je sentis redoubler mon amour pour Lorenza et ma haine pour Roméo.

A peine avions-nous quitté l'Annonciade que je dis à mon rival :

— Allons nous couper la gorge dans quelque coin.

— Non, dit-il.

— Est-ce que vous ne savez pas tirer l'épée ?

— Où l'aurais-je appris, seigneur comte ? J'étais, hier, un pauvre prêtre ; voyez, je n'ai pas encore quitté ma soutane.

— Tout le monde peut appuyer le doigt sur la gâchette d'un pistolet et envoyer une balle dans la tête de quelqu'un.

— Il y a une sorte de duel qui convient aux natures douces.

— Laquelle ?

— On prépare deux pilules de même apparence, l'une de miel pur, l'autre de miel imbibé d'aqua-tofana ; les deux adversaires avalent chacun une des pilules, et cela termine leur différend.

Roméo éclata de rire.

— Vous tenez donc bien à vous débarrasser de moi ?

— Oui, monsieur l'abbé !

— Mais moi, seigneur comte, je n'ai aucun motif de me débarrasser de vous, puisque Lorenza m'aime et que je vais l'épouser.

Je dus convenir intérieurement que cette réponse ne manquait pas de logique.

— Et si, après votre mariage, je fais la cour à Lorenza ? lui dis-je.

— Je vous fermerai ma porte et préviendrai la police.

Ce diable d'homme avait réponse à tout. Ma foi, je lui pris le bras en disant : « Vous avez raison », et nous parlâmes d'autre chose. Je le conduisis chez un fripier, afin qu'il échangeât sa robe contre un costume de cavalier. J'avais un air tout fait insouciant, l'air de ne plus songer à Lorenza. J'assurai à Roméo que tel habit lui seyait bien, mais que tel autre lui convenait mieux. « J'en ai eu un presque semblable d'étoffe, de couleur et de forme, et il m'a fait bon usage. » Vraiment, nous avions les façons, non pas de deux rivaux, mais de deux tendres amis. Il me dit : « C'était donc par jeu que vous parliez de nous couper la gorge ? Allons, tant mieux, je vois que vous êtes un aimable compagnon. »

Lorenza quitta le couvent, et l'on fixa le jour de la cérémonie nuptiale. Pour ne pas appeler l'attention du public sur une affaire dont on s'occupait depuis trop longtemps, le cardinal-prêtre, qui devait bénir les épousailles, décida que le mariage aurait lieu sans apparat, à l'église de Saint-Sauveur-des-Champs, dans une petite chapelle de la Vierge. Il fut résolu, en outre, que le fiancé, en dépit de l'usage établi, ne donnerait, la veille des noces, aucune sérénade à sa fiancée. Cela déplut fort à Roméo qui, après Lorenza et le vin de Poli, n'aimait rien tant que la musique. Mais le passementier, la passementière et leur fille elle-même s'opposèrent à toute symphonie.

Cependant Lorenza n'avait que le temps de préparer sa toilette ; ses amies venaient l'aider à coudre sa belle robe blanche. Nous étions fort assidus, Roméo et moi, — car il m'avait réconcilié avec les parents, — à ces aimables réunions que nous fournissions de gâteaux et de citrons doux. Nous coquetions avec les jolies ouvrières, nous précipitant pour ramasser leurs ciseaux, leur fil et leur dé. Lorenza, que le trousseau intéressait personnellement, veillait quelquefois fort tard après le départ de ses compagnes, et nous permettait de lui tenir compagnie ; les parents allaient se coucher.

Un soir que la belle fille était seule, cousant sous l'abat-jour de sa lampe, elle vit entrer Roméo à peu près gris et tout à fait chancelant. Il avait l'heureux défaut d'être ivrogne. Il s'assit derrière elle pour dissimuler son état d'ébriété, et lui raconta qu'il venait de souper avec son frère et moi dans un cabaret où l'on nous avait servi un vin détestable. Cette boisson, qui nous avait renversés tous les trois sous la table, était assurément falsifiée ; il en avait la tête malade et la langue pâteuse. En effet, sa voix était embarrassée. Il paraissait fort animé et jurait comme un beau diable. Lorenza le gronda doucement et essaya de le calmer, car il était en proie à une fâcheuse exaltation. Loin de s'amender et de reconnaître ses torts, le malotru se monta la tête de plus en plus, fit une allusion impie aux noces de Cana, et se prit à cajoler sa fiancée avec une telle vivacité qu'elle lui ordonna de sortir. En dépit de cet ordre, il l'enlaça de ses bras, la maintint impudemment, et l'embrassa de façon à lui faire perdre la parole. On sait quelles forces les femmes puisent dans la colère. Une minute après l'amant épouvanté fuyait devant sa maîtresse, qui lui lançait à la tête tout ce qui se trouvait sous sa main ; et il n'évita d'être assommé qu'en se sauvant à toutes jambes. Le lendemain, Lorenza me raconta cette histoire. On pense que mon indignation fut grande.

— Voulez-vous que j'aille le tuer ? m'écriai-je.

— Non, répondit-elle.

— Et elle ajouta, avec la suprême indulgence de l'amour :

— Il se repentira peut-être.

En ce moment Roméo entra. Pendant que Lorenza, les joues couvertes d'une sainte rougeur, restait muette, j'accablai mon indigne rival des plus justes reproches.

Il feignit de ne rien comprendre a ce que je disais. Une telle effronterie était bien pour donner à penser à la pauvre Lorenza. Il jura avec les serments les plus affreux, des serments à faire choir la malédiction du ciel sur la maison, qu'il n'avait aucun souvenir de cette affaire, et qu'il avait passé la nuit, en compagnie de Lorenzo et de moi, sous la table d'un cabaret ou l'on nous avait empoisonnés. Ce fut en vain que sa maîtresse lui raconta les circonstances de sa visite ; il nia tout comme un forcené, comme le père du mensonge ! et en appela à mon témoignage.

— Que sais-je, répondis-je, puisque je dormais ? Mais il est facile de te disculper. Nous nous sommes réveillés ce matin l'un auprès de l'autre ; les gens de l'auberge peuvent dire si tu es sorti pendant la nuit.

Roméo applaudit à cette idée bien naturelle qui pouvait être pour lui une planche de salut. Il envoya chercher par un petit garçon la donzelle qui nous avait servis, et celle-ci arriva toute courante, fort curieuse de savoir ce qu'on lui voulait.

— Viens ici, Maria, dit Roméo, et réponds-moi comme il faut. Il y a deux carlins pour toi, si tu ne mens pas. Tu me connais, je suppose ?

— Oui, seigneur.

— Que s'est-il passé hier dans ton auberge ?

— Par la madone ! vous le savez aussi bien que moi.

— Dis-le tout de même.

— Eh bien, vous avez soupé, avec le petit Lorenzo et le seigneur comte. Vous avez bu des saladiers de Marsala au citron, et Dieu sait que vous en avez pris votre compte ! Après quoi, vous avez glissé de votre chaise pour vous endormir à terre.

— C'est tout ?

— Vous savez bien que non. Au bout d'une demi-heure, vous vous êtes éveillé, et vous êtes parti tout doucement.

— Moi ?

— Oui, vous ! Même que vous m'avez trouvée dans le corridor et que vous m'avez embrassée ; même que…

La grosse fille s'arrêta, hésitante.

— Tu oses prétendre que je suis sorti ?

— Il ne fallait donc pas le dire ? demanda-t-elle, en jetant un coup d'œil sur Lorenza. Ah ! dame ! vous auriez dû me prévenir.

— Il y a de quoi en devenir fou ! hurla Roméo. Tu jures sur ton salut éternel que tu m'as reconnu, affreuse coquine ?

— Santo Padre ! dit la fille, vous commencez à m'ennuyer. Oui, certes, vous êtes sorti, et vous n'êtes rentré qu'une heure après, en désordre, comme un homme qui vient de faire un mauvais coup.

— C'est assez, dit Lorenza en se levant ; n'ajoutez pas à vos fautes, Roméo, par cette mauvaise foi insigne. Je vais pleurer dans ma chambre et ne vous reverrai jamais.

La servante sortit sans réclamer ses carlins. Roméo la regarda s'éloigner, et essaya de s'arracher les cheveux.

— Comprends-tu quelque chose à ce qui se passe ? me dit-il, comme s'il eût voulu me dévorer.

— Hélas ! répondis-je, je crois le deviner. Tu es somnambule, sans doute, mon pauvre ami ; tu fais en songe mille folies et ne gardes pas la conscience de tes actes.

— C'est vrai ! tu as raison, s'écria-t-il en bondissant ; je suis somnambule, en effet. On m'a raconté que, tout enfant, je me levais la nuit pour aller voler les pommes du verger. C'est un mal de famille ; ma défunte mère — qui pourtant était une sainte — faisait, pendant son sommeil, mille choses inattendues, à ce que m'a dit le cardinal. Mais, en ce cas, Lorenza ne peut m'en vouloir. On n'est pas responsable de ce qu'on accomplit en état de somnambulisme. Joseph, il faut qu'elle me pardonne, et je veux lui parler sur-le-champ.

— Non, elle est irritée ; elle ne voudrait pas t'entendre. Laisse-moi faire. Va m'attendre chez toi. Je lui expliquerai ton infirmité, et je vous réconcilierai.

Il s'en alla, l'excellent jeune homme. Lorenza, qui s'était enfermée dans sa chambre, consentit à m'ouvrir sa porte après quelques difficultés. Elle s'assit dans un grand fauteuil, ses beaux yeux humides de larmes. Je me mis à ses pieds et lui baisai les mains. Je lui dis que Roméo n'était pas coupable, et que, moi, j'étais amoureux ; que ce n'était pas la faute de ce garçon s'il était somnambule, et qu'elle était belle comme Vénus ; que c'était contre son gré que son amant se relevait pour courir la nuit, et que j'étais prêt à mourir pour elle. Je la regardai tant et si bien, en plaidant la cause de mon malheureux rival, qu'elle me donna un baiser.

— Tu as un cœur d'or, me dit-elle, — car on se tutoie à Rome quand on est vraiment ému, — tu défends ton rival, et tu m'adores. Je crois que c'est toi que j'aime, mais c'est lui que je dois épouser, pour le monde, pour le cardinal, pour le bruit qu'on a fait, et parce que j'en ai fait serment à la Madone. Un serment, c'est sacré. Toi, je t'aimerai comme on chérit un tendre ami, je te ferai mille caresses, mon Joseph ! Et, puisque tu le veux, je lui pardonne. Seulement, qu'il soit sage à l'avenir, sinon j'entrerai au couvent et j'épouserai Dieu.

— Et moi ? dis-je piteusement.

— Dieu ou toi, fit-elle en souriant.

Oh ! ces premières amours impossibles à déraciner ! Je m'en allai désolé, car j'avais peut-être espéré que Lorenza, malgré mon éloquence, ou justement à cause d'elle, ne pardonnerait pas à Roméo. Hélas ! la réconciliation fut complète ; et le mariage était sur le point de s'accomplir.

La veille du jour que je voyais arriver avec désespoir, Roméo vint me rendre visite, fort inquiet.

— Comte, me dit-il, quelques heures seulement me séparent de mon bonheur. Mais j'ai peur de faire des sottises cette nuit.

— Bon ! tu es fou, lui dis-je.

— Je me sens les nerfs tendus, et je me défie de ce maudit somnambulisme qui a déjà failli me brouiller avec Lorenza. Si je couchais chez toi ?

— Non, j'ai un rendez-vous.

— Que me conseilles-tu ?

— A ta place, répondis-je, je me ferais attacher dans mon lit.

— Méchant railleur ! Accompagne-moi au moins chez moi.

Je l'accompagnai. Quoiqu'il fût encore de bonne heure, il se coucha sans retard.

— J'ai sommeil, dit-il, et tu rendras témoignage que tu m'as laissé entre deux draps.

— Tache de ne pas rêver, répondis-je.

Cependant, le quartier de la Trinité dormait depuis quelques heures, quand la place des Pèlerins se remplit de gens à discrète allure. C'était une troupe de musiciens, portant des violons, des flûtes et des mandolines. Lorenza fut bercée par une musique douce. Bien qu'il eût été convenu que son avant-noce ne serait fêtée par aucune sérénade, elle n'eut point de courroux, et même elle sourit de la désobéissance de son amant. Il ne lui déplaisait pas que le nom de Lorenza fût célébré par les chanteurs. Mais les voisins se mirent aux fenêtres, car on est mélomane dans notre pays, et ce remue-ménage commença d'irriter le farouche passementier.

Le silence se rétablit enfin, et le calme. Les gens se rendormirent… Brusquement un appel de trompettes réveilla tout le monde en sursaut, y compris la belle fiancée qui croyait en avoir fini avec les sérénades. Elle écouta ! La galanterie dégénérait en esclandre. Des cors de chasse, des serpents, des clarinettes, des fifres aigus éclataient dans un fracas de fanfares, autour du lit où elle était couchée. Elle rougit de pudeur et de colère, en entendant son nom mêlé à des hourras sauvages. Naturellement, les voisins riaient à leurs croisées ; la place de la Trinité était en révolution. On pense que le père ne fut pas le dernier à ouvrir sa porte ; plein d'un juste courroux, il enjoignit à l'orchestre d'aller faire tapage ailleurs. Mais il fut mal reçu on le hua, et les instrumentistes ne quittèrent la place qu'après avoir exécuté un formidable finale.

Lorenza ne put se rendormir. Elle cherchait à s'expliquer la nouvelle lubie qui avait troublé la tête de son amant, lorsqu'il lui sembla que le ciel lui tombait sur la tête.

Quarante tambours, alignés sous ses fenêtres, battaient aux champs… On n'entendit qu'eux pendant un quart d'heure.

Dès que le bruit cessa, les volets de la boutique furent assaillis de coups de poing si lourds que la maison en trembla. C'étaient les tambours qui demandaient à boire. Éperdus de terreur, croyant être assiégés, le passementier et la passementière se cachaient sous leurs couvertures.

Lorenza eut une crise de nerfs ; mais elle n'appela personne et passa le reste de la nuit à verser des larmes.

Aussi trouvai-je ses beaux yeux tout rouges quand j'arrivai pour la voir, dans la matinée. Je voulais apprendre la vérité sur cette étrange histoire de vacarme nocturne, qui courait la ville. La pauvre enfant put à peine m'expliquer les choses ; son père, absolument furieux, déclarait hautement qu'elle n'épouserait pas le drôle qui les livrait à la risée publique. Je ne savais que dire, quand nous vîmes arriver Roméo endimanché, qui demanda en souriant :

— Est-il vrai, belle Lorenza, qu'on vous ait donné cette nuit je ne sais combien de sérénades ?

Personne ne répondant, je pris la parole :

— Pourquoi parles-tu de cela ?

— Parce qu'on est venu me réclamer de l'argent ce matin ; il paraît que j'ai fait des miennes en dormant.

— Ainsi, dis-je, c'est toi qui as organisé cet abominable charivari ?

— Il faut bien le croire, puisque j'ai couru toute la nuit pour cela. Mille gens m'ont vu. J'ai même donné des ordres écrits que je ne puis méconnaître… et je ne me souviens de rien…

Ah çà ! pourquoi ces figures consternées ? La musique n'a jamais compromis des épousailles.

— Sortez dit le passementier avec un geste inflexible, et ne remettez jamais les pieds ici !

Roméo, stupéfait, regarda sa fiancée et comprit que tout était perdu.

Il sortit, chancelant comme un homme ivre. On conviendra que l'occasion était bonne : je me tournai vers Lorenza, que ses parents entouraient.

— Vous me connaissez, leur dis-je, et Lorenza sait combien je l'aime. Il n'y a qu'une façon de faire taire les mauvaises langues et d'étouffer ce scandale. Donnez-moi votre fille. Je suis riche, je suis noble, et je vous réponds de son bonheur. Parlez, mon cher amour ; voulez-vous de moi pour mari ?

Je me mis à genoux devant elle. Elle consulta son père du regard.

— On ne se marie pas ainsi, dit le marchand.

— Pardonnez-moi, répondis-je ; le mariage est tout prêt, il n'y a que l'époux de changé. L'acte est fait d'avance ; on n'écrit les noms des fiancés qu'à la sacristie. Lorenza peut être ma femme dans deux heures, si vous le voulez.

— Mais son Éminence, qui doit bénir le mariage, s'attend à voir Roméo.

— Qu'importe !

— Vous croyez qu'Elle vous mariera en son lieu et place ?

— J'en suis sûr.

— Ma foi ! dit le père, ne trouvant pas d'autres raisons à m'opposer, si Lorenza y consent…

Je la regardai d'une telle façon qu'elle ne put s'empêcher de sourire.

— Qui l'aurait dit ? fit-elle.

— Moi ! répondis-je. Faites votre barbe, beau-père. A vos toilettes, mesdames ! On ne fait pas attendre un cardinal.

Tout le monde se dispersa. A midi, nous étions rassemblés. J'avais des palpitations de cœur et regardais de tous côtés, redoutant un contre-temps. Comme l'église était peu éloignée, on avait jugé les voitures inutiles. Ma belle fiancée descendit de sa chambre, rayonnante de grâce et de beauté. J'étais muet, inondé d'une folle joie. Il me tardait qu'elle fût à moi, pour l'emporter ! Son père lui donna le bras ; je conduisais la robuste mère, et Lorenzo nous suivait avec quelques voisins qui devaient servir de témoins. Saint-Sauveur-des-Champs, dont les vitraux coloriés étincelaient de soleil, était plein d'une lumière mystérieuse. Nous entrâmes dans une petite chapelle de la Vierge, qui avait une bonne réputation pour les mariages.

En attendant son Éminence, qui ne pouvait tarder à venir, je m'agenouillai près de Lorenza, le cœur débordant d'une adoration que je n'adressais qu'à elle.

Elle ne s'y méprit pas.

— Prends garde ! dit-elle, il ne faut pas tant s'aimer à l'église.

Pourquoi ? répondis-je, tout nous sourit, tout nous couronne. Rien ne prévaudra contre notre bonheur.

Le cardinal-prêtre entra, suivi de quatre enfants de chœur. Ce prince de l'Église, venant officier lui-même, c'était beaucoup d'honneur pour le pauvre Roméo. Après quelques cérémonies de début, il se dirigea vers moi, et m'adressa, avec un sourire, un regard d'intelligence. Lorenza, qui avait été jusque là passablement inquiète, suivit la direction de ce regard.

— Oh ! fit-elle…

Elle venait de voir Roméo ! Oui, Roméo lui-même, agenouillé sur un prie-Dieu, à son côté.

— Je suis un autre Roméo, lui dis-je. Pour t'obtenir, pour te posséder, je n'ai reculé devant aucun miracle. N'essaie pas de comprendre par quelle magie je me transforme de la sorte. Mais veux-tu me voir mourir à tes yeux ? Réponds « Non ! » quand le cardinal te demandera si tu consens à être ma femme…

Elle répondit « Oui ».

J'étais ivre de joie. Nous passâmes dans la sacristie pour signer l'acte de mariage.

— Per Baccho ! fit le cardinal, quand il me vit de près, je croyais avoir marié Roméo.

— Vous avez marié, répondis-je fièrement, le comte de Cagliostro, préféré par la belle Lorenza. J'espère, monseigneur, que votre Éminence ne regrettera pas l'honneur qu'elle nous a fait.

— Ma foi, non ! dit le cardinal, qui paraissait un compère et regardait beaucoup Lorenza. Mais je te préviens, comte, que j'embrasserai ta femme pour la peine.

— Volontiers, monseigneur.

— A la bonne heure. Signez, mes enfants.

Nous signâmes.

Mais alors, soudainement, un plain-chant terrible s'éleva d'une chapelle que, par la porte restée ouverte, on apercevait, tout illuminée de cierges, dans les profondeurs de la nef.

Dies iræ, dies illa,

Crucis expandens vexilla

Solvet sæclum in favillâ !

— Ah ! dit Lorenza frissonnante, j'ai peur !

— Rassure-toi, chère amie, dis-je en cherchant à maîtriser une étrange terreur qui s'emparait de moi ; c'est une messe des morts qu'on chante aux environs…

— Oui, nous dit Lorenzo qui s'était rapproché. N'avez-vous pas entendu parler de cette célèbre ballerine, condamnée par l'Inquisition ? C'est elle qu'on enterre.

Le plain-chant nous arriva, plus sombre et plus lugubre

Juste judex ultionis

Donum fac remissionis

Ante diem rationis !

— *De profondis*, dit son Éminence ; c'est l'enterrement d'une très étrange fille, qui s'est enfuie à Rome, après avoir étranglé à Palerme la révérende mère du couvent des Dames-Nobles. J'ai été l'un de ses juges. Elle est morte avant le bûcher, et comme elle s'était réconciliée, on lui a accordé les prières de l'Église. Mais avancez, belle Lorenza, et tenez la promesse de votre mari.

Fiorella ! Fiorella ! Une sueur froide coula sur mes tempes. Épouvanté, épouvantable sans doute, j'attirai sur mon cœur, j'enveloppai de mes bras Lorenza interdite, et je m'enfuis en emportant mon trésor, pendant que le terrible chant des psalmodistes mugissait derrière moi et me poursuivait comme une malédiction.

IX
D'une dame qui jouait au tressette et d'un quaker qui perdit à un autre jeu.

Dès que je fus plus heureux que les rois couronnés, c'est-à-dire dès que j'eus dormi dans les bras de ma Lorenza bien-aimée…

Mais, en vérité, mon cher Pancrazio, pour patient que tu sois, tu te lasserais bientôt de me suivre, si je te conduisais à travers toute mon adolescence, sans te faire grâce d'un seul ducat emprunté ni d'un seul baiser reçu. Ce qui augmenterait ton ennui, c'est que, parmi mes aventures, il en est plusieurs qui se ressemblent fort ; le moyen qu'il en soit autrement, puisqu'on a vu se manifester dans toutes la niaiserie des hommes, la galanterie obligeante des femmes, et ma propre imaginative ? Je pense que je ferai bien d'omettre quelques menus incidents de ma jeunesse, pour en arriver plus tôt aux magnifiques triomphes, aux illustres malheurs qui m'ont désigné à l'envie et à l'admiration de mes contemporains.

Divers démêlés avec ma belle-mère et avec la police, — celle-ci n'était pas la plus hargneuse des deux, — m'obligèrent à m'éloigner de Rome. Comme j'avais en toute langue un accent sicilien très prononcé et que je ne savais pas un seul mot d'allemand, je jugeai qu'il serait d'une imprudence aimable de me faire passer pour un officier prussien, et je me donnai hardiment à Florence, à Vérone, à Messine, pour le colonel Immermann. Ma Lorenza, un peu étonnée d'abord, s'accoutuma bientôt à notre vie errante ; ce fut une adorable colonelle.

Tu remarqueras, mon cher geôlier, que je ne souffle pas mot de mes voyages à Alexandrie, au Caire et en Égypte, à propos desquels il s'est fait tant de bruit. C'est qu'à la vérité je ne me souviens pas du tout d'avoir visité ces pays lointains. Eh qu'y serais-je allé faire ? Apprendre la chimie et l'art de guérir ? J'en savais tout ce qu'on en peut savoir, c'est-à-dire presque rien, et je possédais en outre ce que personne n'aurait pu m'enseigner, la puissance de dominer les volontés par le regard, et le génie de l'observation, auquel j'ai dû de passer pour sorcier.

Quant à ce qui est de Malte, il est certain que j'y séjournai pendant plusieurs mois, et que j'y fus fort bien accueilli par monseigneur Pinto, le grand-maître de l'ordre. Je vois encore ce ferme et robuste vieillard qui me regardait avec tendresse et me parlait d'une voix paternelle. Je lui demandai un jour, l'âme toute troublée, s'il n'était pas venu à Naples autrefois, et s'il n'y avait pas rencontré une belle jeune femme appelée Félicia Braconieri. Il répondit : « Mon enfant ! mon enfant ! » en détournant la tête, ce qui ne m'empêcha pas de voir deux grosses larmes lui descendre lentement des yeux. Je quittai Malte. Laissons cela ; je ne veux rien dire de plus du grand-maître Pinto, qui avait la face sévère d'un vieux templier. Je n'ai jamais pensé à lui sans un attendrissement profond.

A Bergame, comme j'étais peu fourni d'argent, je m'arrangeai un petit laboratoire, et j'y fabriquai des perles pour acheter des bas de soie à ma chère Lorenza. Mes perles étaient fausses, mais beaucoup plus jolies que les véritables ; je crus ne nuire à personne en les vendant un bon prix.

Un de mes amis, le marquis de Vivona, essaya de faire des topazes ; il y réussit mal, de sorte que les bijoutiers s'aperçurent de sa supercherie, et que le barigel se mêla de l'affaire ; il en résulta que je dus quitter Bergame un peu précipitamment, parce que les topazes du marquis avaient donné à penser sur mes perles.

Venise s'émut beaucoup à l'arrivée d'un prince sicilien, qui voyageait avec la princesse de Trébizonde, et qui consentait à vendre aux personnes de distinction de l'Élixir de longue vie. Vingt ducats le flacon ! Excellent marché, j'entends pour les acheteurs, car, moyennant une chétive somme, on acquérait une espèce d'immortalité, qui, en moyenne, et lorsque l'acheteur était dans la force de l'âge, durait bien huit ou dix ans. Quant à moi, j'y perdais presque, parce que le vin de Malvoisie que je mettais dans les flacons se trouvait être fort cher cette année-là, les vignes ayant gelé. Je débitais aussi du vin d'Égypte, propre à assurer une postérité nombreuse aux plus vieux Abraham et aux plus stériles Sarah. J'aime à croire que cette préparation ne manqua jamais son effet. Je n'oserais pourtant pas l'affirmer, le sort ayant voulu que je restasse toujours moins de neuf mois dans les villes où je vendais ce vin fameux, dont j'ai malheureusement perdu la recette. Mais je la retrouverais, j'imagine, si quelque belle jeune femme se trouvait dans la nécessité de l'employer.

C'est à Venise que je faillis mourir de peur, à cause d'un miracle que je fis ; j'étais jeune encore et peu accoutumé à mes prodiges.

Nous étions, Lorenza et moi, je veux dire la princesse de Trébizonde et le prince sicilien, dans une société où l'on s'inquiétait d'une dame qui était attendue et qui n'arrivait pas. Un cavalier s'offrit à l'aller chercher, et pendant l'absence de celui-ci, une autre personne ayant dit : « Mais que peut-elle donc faire ? » Je répondis étourdiment : « C'est peut-être qu'elle s'est oubliée à jouer au tressette. » Le tressette, en ce temps-là, était un jeu fort à la mode chez les dames italiennes. On me dit que j'étais fou, et que, sans doute, une indisposition était la cause du retard.

Cela me piqua. « Je vous dis qu'elle joue au tressette ! » m'écriai-je. Puis, sans trop savoir ce que je faisais, je traçai un carré sur le parquet avec la pointe de mon épée, je passai les mains dessus, et alors, dans une espèce de brouillard, on vit se former la figure de la dame jouant, en effet, avec trois de ses amis, tous les trois bien connus de la société où j'étais. Vous pensez s'il y eut des cris et des bras levés ! Mais nul ne fut plus stupéfait que moi ; car la personne elle-même entra sur ces entrefaites, et déclara qu'elle avait perdu son temps à faire une partie de tressette avec des seigneurs qu'elle nomma et qui étaient précisément ceux que j'avais fait paraître.

Cette aventure, — jointe à quelques autres dont j'ai déjà parlé, — me troubla singulièrement. Je ne fus pas éloigné de croire que je possédais des facultés refusées à la plupart des hommes ; je m'en autorisai pour prononcer à tout propos des paroles mystérieuses, et pour porter la tête haute, avec un air qui sentait son magicien d'une lieue.

Je me mêlai dès lors de dire la bonne aventure et de guérir les malades par l'imposition des mains. Mes prophéties en valaient bien d'autres, et se vérifiaient souvent. Quant à ma médecine, je dois convenir qu'elle réussissait surtout auprès des malades pauvres ; ceux-là guérissaient très vite ; je les payais pour cela.

Mais je me lassai de l'Italie, où ma chère Lorenza était trop courtisée. Je n'ignore pas qu'on m'a accusé d'avoir toléré ses coquetteries et même de l'avoir engagée à faire bon visage à certains personnages riches et de haut rang. C'est ainsi que la calomnie dénature les plus pures intentions. Il est certain que, peu jaloux de mon naturel, je voyais d'un fort bon œil ma Lorenza coqueter, caqueter, chanter, danser, en un mot se divertir de toutes façons avec des hommes de son âge ou même un peu plus âgés qu'elle ; je lui désignais, parmi les seigneurs de notre société, comme le doit faire un mari prudent, ceux qui, par leur naissance, leur vertu et leur état dans le monde, méritaient le plus de considération. Devais-je, maussade et renfrogné, exiger que ma femme rudoyât les gens animés des meilleurs desseins à notre égard ? Elle aimait les belles étoffes, les diamants, les perles, surtout celles que je ne fabriquais pas ; quoi de plus naturel à son sexe ! et moi, je lui aurais interdit de recevoir, dans les villes où nous passions, des présents qui ne tiraient pas à conséquence ! C'eût été une impertinente tyrannie. Au surplus, comte Cagliostro, comte Phénix ou chevalier Pellegrini, j'étais de trop bonne noblesse pour qu'on s'avisât de me calomnier à voix haute. Quelques chuchotements malveillants finirent pourtant par me blesser, et j'entrepris de passer en Angleterre où les cœurs sont moins chauds et les langues plus réservées.

A Londres, — qui est le plus grand faubourg du monde, — j'eus l'occasion d'exercer fréquemment un des talents qui me rendirent fameux, celui de deviner l'état des personnes, leurs penchants, leurs répulsions, leurs aventures passées et parfois leurs noms même, par la seule inspection rapide des traits de leurs visages. En même temps, ma prescience devenait de plus en plus lucide ; et je ne puis passer sous silence une nouvelle preuve que j'en donnai.

Chez un banquier où je m'étais ouvert un crédit, on me présenta un jour un quaker qui avait la double réputation, méritée à ce qu'on assurait, d'être parfaitement chaste et parfaitement avare. Comme il faisait montre dans la conversation de sa continence et de son économie, je m'oubliai jusqu'à lui dire que je serais étonné si, avant peu de temps, il ne déboursait pas mille livres sterling pour une femme qu'il aimait. Cette prédiction fut jugée si absurde et prêta si fort à rire, que je me retirai presque offensé, en compagnie du marquis Agliata, gentilhomme italien qui voyageait avec moi. Nous n'avions pas d'occupations pressantes cette après-midi ; nous profitâmes de l'occasion pour visiter les monuments de la ville, dont plusieurs sont étrangement grandioses ; si bien qu'il était assez tard quand nous rentrâmes à l'hôtel ; nous avions aussi couru les tavernes. Comme je souhaitais la bonne nuit à mon compagnon, nous entendîmes des cris dans la chambre de Lorenza. Je m'y précipitai, suivi d'Agliata. Ma chère femme était aux prises avec un traître qui s'était introduit dans notre appartement, et qui la serrait de très près, malgré les cris qu'elle jetait et l'honnête résistance qu'elle était capable de faire. Nous eûmes bientôt raison du maroufle, et ma première pensée fut de le livrer à la justice. Mais Agliata me fit observer que le scandale est toujours fâcheux en ces sortes d'affaires ; qu'il y avait d'autres moyens de punition ; et que, sans doute, le coupable n'hésiterait pas, s'il avait quelque fortune, à nous compter une somme d'importance, pour éviter d'être bâtonné et dénoncé. Je fis de vives objections. Il me répugnait de gagner de l'argent dans une rencontre où l'honneur de ma femme et le mien n'avaient pas été sans courir quelque danger. Mais lorsque Lorenza m'eut assuré que le dommage qu'elle avait subi n'avait rien d'irréparable, je me radoucis, et consentis à recevoir mille livres sterling. Le coupable s'y accorda. Or, jugez de mon étonnement, lorsqu'en l'aidant — après qu'il nous eut fait son billet — à remettre une espèce de robe qu'il avait quittée je ne sais pourquoi, je reconnus le quaker si fameux par son avarice et sa continence !

Cependant, les divines facultés que je devais à la nature — bien plus qu'à l'art — n'auraient pas trouvé un emploi digue d'elles, sans un événement qui changea ma vie et décida de mon sort.

X
D'une salle noire, d'une salle blanche ; de diverses choses que je crus voir, et d'un homme que je vis.

Un soir, — j'étais depuis quatre ans le mari toujours amoureux de ma belle Lorenza, et je me trouvais à Francfort-sur-le-Mein, qui est une cité remarquable par son palais de ville où l'on couronne les empereurs, et par sa rue des Juifs où l'on prête au denier trois, — un soir, dis-je, je sortais d'un tripot en compagnie de mon ami de cœur le marquis Agliata. Bien qu'il m'eût joué un assez vilain tour naguère, en nous abandonnant sans un florin vaillant, ma chère Lorenza et moi, dans une hôtellerie de Dantzig, je le fréquentais avec plaisir. Je lui pardonnais volontiers quelques défauts, comme d'être menteur, escroc, ivrogne, — car il faut tenir compte des imperfections de la nature humaine, — et je ne lui en voulais sérieusement que de porter un nom de gentilhomme, quand il était avéré qu'il était le bâtard d'un tripier de la ville de Berne, en Suisse. Il n'y a rien de plus répréhensible, à mon avis, que d'usurper des titres de noblesse, et en même temps rien de plus puéril, car la vraie noblesse est celle de l'âme.

Donc, le chevalier Pellegrini, c'était le nom que je portais alors, et le marquis Agliata sortaient d'un honnête tripot de Francfort-sur-le-Mein, et je me disposais à rentrer chez moi, lorsque mon compagnon me dit :

— Entends-tu sonner l'heure ?

Je prêtai l'oreille, et après avoir compté les coups d'une horloge lointaine :

— C'est minuit, répondis-je.

— Frère, c'est à pareille heure que je te rencontrai, il y a aujourd'hui trois ans, à Rome, au pied de la potence où était encore suspendu mon digne ami Ottavio Nicastro.

— Il est vrai, dis-je ; Ottavio Nicastro, un jour qu'il jouait avec son poignard, avait eu l'étourderie de l'enfoncer dans la gorge d'un passant au lieu de le remettre tout simplement au fourreau.

— Ce passant, qui était-il ? le sais-tu ?

— Non.

— C'était l'évêque de Messine qui, la veille, avait obtenu du saint-père une bulle d'excommunication contre les Illuminés d'Allemagne ! Je reprends. Il y a trois années que je te suis, que je t'observe, frère, je suis heureux de te l'apprendre : ton noviciat est achevé, et tu seras initié, dès ce soir, aux travaux de l'Aréopage.

Je ne pus m'empêcher de sourire.

— Es-tu donc, lui dis-je, affilié à cette secte ? Pour ce qui est de moi, il y a longtemps que j'ai conquis les plus hauts grades de la maçonnerie et que je suis le chef de mes égaux.

Il sourit à son tour.

— Oui, dit-il d'un ton railleur, tu as été admis dans la loge de la Haute Observance à Londres ; Lorenza y fut admise aussi ; crois-tu que nous ne sachions pas cela ? vous reçûtes, dans la même Tenue, le Tablier, le Cordon, l'Équerre et le Compas ; ta femme obtint, en outre, une jarretière sur laquelle sont brodés ces mots : « Union, Silence, Vertu » et il lui fut ordonné de coucher désormais avec cette jarretière à la cuisse. Des personnes dignes de foi m'ont affirmé qu'elle ne s'est pas soustraite à cette obligation.

Comme je savais que le marquis aimait à rire, je ne m'arrêtai pas à ce qu'il y avait dans ces dernières paroles de désobligeant pour ma chère Lorenza ; mais je m'étonnai de le voir si bien informé des détails de notre initiation.

— Nous savons aussi, continua-t-il, que, dans d'autres loges, à Nuremberg, à Berlin, à Stuttgard, à Heidelberg, tu as tenu des discours surprenants et fait apparaître des anges.

— En es-tu certain ? lui demandai-je.

— Certain.

— J'ai parlé, oui. Mais es-tu sûr que j'aie fait apparaître des anges ?

— Sûr. Les Illuminés ne se trompent jamais.

— Après tout, c'est possible, répondis-je en rêvant un peu.

— N'en doute pas, Joseph Balsamo. Le ciel, qui a de grands desseins sur toi, t'a infusé une vertu étrange, qui fait obéir les êtres célestes non moins que les terrestres. Cette force, tu n'y crois pas toi-même, et tu attribues fréquemment à tes mensonges et à tes artifices des effets qui sont dus en réalité à une mystérieuse puissance. Tu es une espèce de prophète malgré soi, qui raille ses prophéties, un faiseur de miracles qui pense être un escamoteur. C'est pourquoi le dirigeant suprême m'a délégué près de toi comme Initiateur. Viens à nous ! tu seras un chef de notre Œuvre, et nous te révèlerons ta mission. Viens, mon frère, si tu ne crains pas de regarder face à face la vérité, et si tu portes un cœur capable de ne pas pâlir au milieu des épreuves !

J'étais de plus en plus surpris des paroles de mon compagnon et surtout du ton dont il les prononçait.

— Qui êtes-vous donc ? m'écriai-je.

— Tu le sauras, dit-il.

Il achevait à peine, que je me sentis enlevé par de robustes bras ; avant que j'eusse pu tourner la tête et protester, j'avais un bandeau sur les yeux, un bâillon sur la bouche ; je fus emporté. Un bruit de roues sur le pavé m'apprit qu'on m'avait mis en carrosse. Tout cela ne me déplut pas ; j'ai un esprit qui s'accommode volontiers des aventures inattendues, et je m'étais désaccoutumé des craintes habituelles aux autres hommes. D'ailleurs, il me paraissait certain, d'après ce que m'avait dit le marquis Agliata, qu'on me conduisait dans quelque repaire d'Illuminés, et j'avais toujours eu le dessein d'entrer dans cette association sur laquelle il courait mille histoires ténébreuses.

On sait qu'il est assez malaisé de se rendre compte du temps qui s'écoule, lorsqu'on est plongé dans l'ombre ; je pense pourtant que le voyage ne dura pas plus de deux ou trois heures ; ce dut être à peu de distance de Francfort que s'arrêta la voiture. Une main me saisit par le bras, solidement, mais sans violence, et une voix, qui n'était pas celle du marquis, me dit avec politesse :

— Veuillez descendre, seigneur Balsamo.

J'obéis. Mes guides — car au bruit de leurs pas je reconnus qu'ils étaient trois ou quatre — mes guides et moi nous marchâmes assez longtemps ; je sentis un vent frais me passer dans les cheveux ; puis il y eut une halte de quelques minutes, pendant laquelle un son de ferraille grinçante m'indiqua qu'on ouvrait une porte. On me dit :

— Passez. Quand vous aurez compté soixante marches descendantes, vous vous arrêterez et vous attendrez.

Je m'avançai sans hésitation ; je me mis à descendre un escalier qui me parut être de pierre. Chose bien faite pour m'étonner, à mesure que je m'enfonçais dans les profondeurs du sol, je n'éprouvais pas cette sensation d'humidité renfermée, de compression, d'air plus rare, que l'on subit lorsqu'on pénètre dans une cave ou dans un autre lieu souterrain. Au contraire, il me semblait que l'espace s'élargissait autour de moi, qu'un souffle pur et sain comme les vents du large m'enveloppait, me poussait doucement ; cette descente me faisait l'effet d'une ascension ; si mon bandeau était tombé en ce moment, je n'eusse pas été surpris de me trouver sur le sommet d'une montagne, dans la vivante clarté de l'air libre, au dessus des nuées.

Après la soixantième marche, je me tins immobile, ainsi qu'on m'avait dit de le faire.

Qu'allait-il se passer ? Je ne me sentais pas inquiet, mais ma curiosité était passablement éveillée.

Mon bandeau s'envola de mes yeux. Je dis qu'il s'envola, car il fut dénoué comme par magie, et j'eus l'impression d'un battement d'ailes au-dessus de mon front.

Je regardai. J'étais dans une salle très vaste et très sombre, carrée, toute de marbre noir. Du plafond à peine visible, tant il était élevé, pendait, au bout d'une longue chaîne d'or, une lampe ronde, toute rouge, qui avait l'air d'un énorme rubis.

Pas un siège, sinon un escabeau de marbre devant une table, de marbre également, où se trouvait un parchemin déroulé à côté d'une espèce de calame. Cette salle avait la majesté sinistre d'un temple sépulcral dont le dieu serait mort.

Sur l'une des parois noires, des signes apparurent, formant ces mots :

« Oui, c'est un sépulcre. L'homme qui entre ici n'en remporte pas son cadavre, mais son âme purifiée et renouvelée. »

Je demeurai confondu de cette muette réponse à ma pensée ; peut-être avais-je pensé tout haut.

Les signes s'effacèrent et firent place à d'autres qui me dirent :

« Assieds-toi, écris, avoue. »

Cet ordre n'avait rien qui pût me surprendre ; ces sortes de « confessions écrites » ou de « testaments » précédent d'ordinaire les initiations maçonniques. Je m'assis, je pris le calame, mais il n'y avait pas d'encrier sur la table. Ne sachant comment écrire, je levai la tête, instinctivement, et je lus sur le mur sombre :

« Que ta vie trace ta vie. »

Il n'était pas difficile de comprendre que je devais écrire avec mon sang. Je tirai mon épée, et comme j'étais bon chirurgien, je pratiquai une très légère saignée à la veine de mon bras gauche, le sang en sortit goutte à goutte, et j'y mouillai la plume de roseau.

Je dois l'avouer : comme je n'avais aucune raison pour être aussi sincère avec des inconnus qui m'interrogeaient par l'intermédiaire d'une muraille, qu'avec Fra Pancrazio, mon digne geôlier et ami, je jugeai bon d'ajouter quelques agréments au récit de mes aventures. Je glissai aussi rapidement que possible sur les peccadilles qui auraient pu ne pas me faire honneur, et je mis complaisamment en lumière celles de mes actions que je crus propres à donner du relief à mes vertus. Je ne cachai pas que j'avais longtemps porté le nom d'Acharat, que j'étais assurément le fils d'un des plus puissants souverains du monde, et j'avais à peine achevé de confectionner ce panégyrique, qu'un éclat de rire retentit derrière mes épaules. Je me retournai ; personne. Quand je levai le regard vers la paroi de marbre qui s'élevait en face de moi, je lus ces deux mots flamboyants : « Tu mens ! » Un peu humilié, je reconnus que j'avais eu tort de celer la vérité, — qui, en somme, ne pouvait m'être qu'assez avantageuse, — et je repris le calame, avec l'intention formelle de montrer cette fois la plus entière franchise. Je demeurai stupide : la feuille de parchemin sur laquelle j'avais écrit n'était plus là ; une autre l'avait remplacée, en tête de laquelle je lus : « *Extrait du code scrutateur* » ; et cette feuille relatait les faits les plus intimes de mon existence, depuis mon entrée au couvent de Castelgirone jusqu'à l'heure présente, sans omettre un détail, sans me faire grâce même de quelques mauvaises pensées que j'avais pu avoir çà et là. Telle était la véracité de cette biographie que mes confessions sont à peine aussi véridiques. Mais ce qui me surprit plus que tout le reste, c'est que l'écriture tracée sur le parchemin ressemblait parfaitement à la mienne, ou plutôt était la mienne véritablement. Étais-je donc dans un lieu où la nécessité de dire vrai annulait la faculté de mentir ? Je me sentis pénétré de respect, et j'attendis avec une certaine angoisse.

L'attente ne fut pas longue. Je ne tardai pas à remarquer je ne sais quelle lente agitation de formes nuageuses de l'autre côté des murailles. Les parois que j'avais crues de marbre devaient être formées d'immenses lames de verre ou de cristal ; je regardai attentivement ce qui s'ébauchait derrière leur transparence obscure. Des lignes, des couleurs s'affirmèrent bientôt, composant des visages, des costumes, des attitudes ; et tous ces êtres, qui se mouvaient silencieusement, paraissaient vivants, mais d'une vie singulière qui éveillait l'idée d'une résurrection plutôt que de la vie elle-même.

A travers le mur qui me faisait face se dessina un palais de granit rose, sur la terrasse duquel deux hommes en robes somptueuses étaient couchés nonchalamment, le coude dans des coussins de soie ; autour de ce groupie, de jeunes esclaves nues formaient des rondes silencieuses, en agitant leurs bras où étaient attachées des ailes d'ibis et de cigognes qui rafraîchissaient l'air ; l'un des hommes portait la couronne à douze pointes des premiers Pharaons, et tenait dans sa main pendante un sceptre de métal incrusté de pierreries, qui semblait près de tomber, comme la houlette d'un pâtre endormi ; l'autre, coiffé de la mitre des grands-prêtres, avait auprès de lui, sur sa couche, une longue crosse d'ébène, où s'enroulait une couleuvre d'or, image de son dieu. Le prêtre et le roi demeuraient immobiles, le front vers le ciel. Au pied du palais s'étendait une plaine énorme, toute jaune de sable, où une multitude d'hommes, ceux-ci attelés à des chariots, ceux-là portant sur leurs épaules des pierres et des sacs de terre, cheminaient péniblement vers une colossale pyramide, encore inachevée, là-bas, sous l'azur éclatant du ciel. Ils se courbaient, ils chancelaient ; plusieurs se laissaient choir et ne se relevaient pas. Bien qu'ils fussent assez éloignés, il m'était possible de distinguer leurs traits ; il y avait sur tous les visages l'expression d'une antique fatigue, d'un incomparable désespoir. Par instants, la multitude faisait halte ; elle regardait avec des yeux pleins de colère le monument gigantesque, jamais terminé, et l'on eût dit qu'elle ne voulait plus peiner, suer, souffrir. Mais alors le pharaon et le pontife se dressaient sur la terrasse du palais de granit rose, abaissant vers la foule, l'un son sceptre, l'autre sa crosse, qui s'allongeaient, se multipliaient, devenaient démesurés et innombrables ; et cette nuée de bâtons, où la couleuvre divine ajoutait des milliers de lanières, fouaillait furieusement la multitude, la forçant à reprendre, défaillante et pantelante, son éternel labeur.

Je me tournai vers une autre paroi.

Un peuple victorieux revenait vers sa ville, dans une poussière de soleil. A leur mâle fierté, autant qu'à leurs boucliers de bronze, je reconnus des Grecs Lacédémoniens. Avec des fleurs et des sourires, de belles jeunes femmes accouraient au-devant des vainqueurs ; celles-là qui cherchaient en vain leurs époux ou leurs frères, n'avaient pas de larmes dans les yeux ; plus loin, sur les murs de la cité glorieuse, les vieillards étaient rassemblés, paisibles, augustes, pleins d'une joie sereine, et levant vers le ciel leurs bras reconnaissants. Mais, autour de la ville, dans les plaines où le bœuf creuse son sillon, il y avait, en grand nombre, des créatures lasses, viles, courbées, qui ne se réjouissaient pas ; c'étaient les esclaves des hommes libres ; ceux qui n'avaient d'autre patrie que l'ignominie et le travail sans salaire, et dont la vie n'était qu'une éternelle défaite.

Devant la troisième muraille, je frissonnai d'horreur.

Les uns suspendus à un plafond de pierre par des cordes noueuses qui leur déchiraient les aisselles, les autres étendus sur des chevalets, ceux-ci les pieds dans les ceps, ceux-là le cou dans le carcan, des hommes, des femmes, des enfants aussi, nus, saignants, tordus, crispaient affreusement leurs membres, et toutes les faces étaient convulsées par la grimace des suprêmes douleurs. Au milieu de l'espèce de caveau où palpitaient ces formes tragiques, une large cuve fumait au-dessus d'un grand feu, et dans la cuve se tordaient d'effrayants suppliciés. Cependant, assis sur de grands sièges au fond du souterrain, et dominant les tourmenteurs et les tourmentés, des prêtres vêtus de rouge considéraient cette scène ; il y avait sur le mur un grand crucifix de bois noir.

Je fermai les yeux ; quand je les rouvris, j'avais été transporté devant le quatrième mur, et je ne pus m'empêcher de sourire.

Dans un boudoir de dentelle et de soie, des lampes, où tremblaient des flammes parfumées, faisaient miroiter les étoffes, étinceler les dorures des boiseries ajourées, et mettaient comme du soleil dans les paysages des tapisseries et dans les camaïeux des portes, où l'on voyait des nymphes grasses et roses ne se dérober qu'à demi aux étreintes de quelque satyre ou bien mouiller, avec une audace provocante, le bout de leur pied blanc dans l'eau. Accoudés à une table où la mousse du vin de champagne débordait des verres, il y avait un homme et une femme qui soupaient. Je les reconnus, ayant souvent vu leurs images. C'était un roi de France, et la reine de ce roi. Elle était toute jolie avec sa lèvre impertinente qui riait, avec ses deux ou trois mouches qui endiablaient son visage d'ange, sous la poudre qui s'envolait un peu à chaque mouvement de sa tête. Le roi bâillait. Mais elle tendit le bras comme pour dire : « Regarde ! » et de l'autre côté d'une tenture à demi soulevée, le roi put apercevoir, dans la pénombre d'une petite chambre, une pâle figure de jeune fille nue, qui reculait tout effarée. Il regarda longtemps ; sa bouche lasse, dont la lèvre pendait, eut un sale sourire. Alors Louis XV et Mme du Barry se mirent à manger et à boire, en causant ; ce qu'ils se disaient devait être étrange, car leurs yeux s'allumaient, et quoique seuls, ils n'osaient se parler que tout bas. Ce spectacle n'était pas pour me déplaire tout à fait ; ma vertu s'accommode volontiers d'un peu de débauche. Mais soudain, je pensai que je devenais fou. Le champagne dans les cornets apparut épais et rouge, et chaque fois que le couteau de l'un des convives tranchait l'aile d'une perdrix, il me semblait que, de la bête morte, il suintait quelque chose de rouge aussi ; en même temps je vis que, sur les peintures et sur les tapisseries des cloisons, les figures n'étaient plus des nymphes ni des satyres, mais de misérables hommes, assis sur des pierres de cachots, la tête appesantie, ou des bûcherons dans des forêts, le visage tout baigné d'une sueur mêlée de larmes, ou des laboureurs, le pied sur leur pioche, déguenillés, livides, ou des femmes furtives, en haillons, tenant entre leurs bras quelque chose d'enveloppé, qui était un enfant, et le déposant, sans oser le regarder une dernière fois, dans le trou noir d'une muraille. Ni le roi ni la favorite ne paraissaient remarquer ces changements. Non, ils ne s'apercevaient pas que les parois de la chambre étaient maintenant décorées de leurs victimes vivantes ! Louis XV buvait le vin rouge et d'un air satisfait faisait claquer sa langue. Il eut même un geste d'insouciance dédaigneuse, et je crus comprendre, au mouvement de ses lèvres, qu'il prononça cette parole qui lui a été, depuis, si souvent reprochée : « Après moi la fin du monde ! » Tout à coup le flacon de champagne, sans que personne l'eût poussé, se renversa sur la table, et avec d'horribles glous-glous il en sortit un flot écumeux, qui couvrit toute la nappe, souilla les vêtements des convives, se répandit sur les fleurs du tapis, s'enfla, bouillonna, devint très large et gagna les murs, comme si tout le sang de la France martyrisée eût jailli de la bouteille. Sous cette marée montante disparurent, toujours souriants, Louis XV et Mme du Barry, et les meubles, et les sinistres tentures, et toute la chambre. Je ne vis plus rien qu'un vaste ruissellement pourpre qui fumait et moussait, et c'était comme un sanglant déluge dont l'opacité ne laissait même pas transparaître les ruines qu'il roulait, et où je distinguai seulement, après quelques minutes qui me parurent démesurément longues, deux épaves flottantes, bientôt submergées : Un sceptre et une croix.

Les visions s'effacèrent. Je n'avais plus autour de moi que le silence, la solitude, l'ombre ; je méditais, sentant des pensées nouvelles sourdre en mon cerveau.

Bientôt il me sembla que la dalle sur laquelle je me tenais debout remuait, s'élevait ; si, par pusillanimité, j'avais fait un pas en avant ou en arrière, je serais tombé et me serais rompu le crâne contre le marbre ; je ne bougeai pas, prêt à tous les périls, résolu à braver toutes les épouvantes. La dalle ne cessait pas de monter, me portant. Une splendeur de torches enflammées éblouit mes yeux ; mon corps émergea dans une autre salle, de marbre blanc, où, sur des gradins circulaires, étaient assis des hommes en nombre imposant, vêtus de longs frocs rouges, le visage à demi-caché sous des cagoules, sans insignes, immobiles.

L'un d'entre eux, — j'ai su plus tard que c'était le chef des époptes, — me dit sans se lever :

— Tu as vu ?

— J'ai vu, répondis-je.

— As-tu compris ?

— J'ai compris.

Il ajouta :

— Regarde encore.

A quelques pas devant moi resplendissait une table surchargée de pierreries et de monnaies d'or ; sur cet amas de richesses étincelaient un sceptre, une couronne, une épée ; et j'admirai, au pied de la table, sur un coussin de pourpre, une crosse d'évêque avec des ornements épiscopaux.

Le chef des Époptes reprit :

— Si cette couronne, ce sceptre, et ces autres monuments de la dégradation et de l'imbécillité humaines tentent ton orgueil, si c'est là qu'est ton rêve, si tu veux aider les rois à opprimer les hommes, nous pouvons te placer sur un trône, car notre volonté a ce nom : la toute-puissance ! Mais notre sanctuaire te sera fermé, et nous t'abandonnerons aux suites de ta folie. Veux-tu, au contraire, te dévouer à rendre les hommes heureux et libres ? sois alors le bienvenu. Homme, interroge ton cœur et choisis.

Je ne pus m'empêcher de songer, à part moi, qu'il y avait quelque chose de plaisant dans cette offre de la royauté, faite au fils d'un passementier de Palerme, qui, naguère, eût volontiers cédé pour un plat de macaroni tous les droits qu'il aurait pu avoir aux trônes de la terre. Mais je me gardai bien de paraître surpris ; je promenai un regard de dédain sur ces insignes de la grandeur terrestre, et faisant un pas en avant, je renversai de la main la couronne, les florins d'or et les pierreries. J'avoue que les spectacles que l'on m'avait offerts avaient fait une profonde impression sur mon esprit ; d'ailleurs, j'avais une manière de soupçon que, si j'avais accepté la couronne, on se fût bien gardé de me la donner.

Je m'écriai, avec une emphase convenable :

— Que tous les rois périssent écrasés sous leurs trônes !

Alors le grand Épopte se leva :

— Joseph Balsamo, je vais recevoir ton serment.

Derrière le chef des prêtres, le mur de marbre blanc se disjoignit, et dans l'écartement apparut un autel, où un grand crucifié, — qui n'était pas une vaine image, mais un homme véritable avec une plaie saignante au côté, — soupirait dans les affres de l'agonie.

Je m'agenouillai.

— Au nom de Jésus de Nazareth, qui est le Dieu des pauvres et des opprimés, dit le prêtre, jure de briser les liens charnels qui t'attachent encore à père, mère, frère, sœur, épouse, parents, amis, maîtresses, rois, chefs, bienfaiteurs, et tout être quelconque à qui tu aurais promis foi, obéissance, gratitude ou service.

L'obligation de renoncer aux liens charnels qui m'attachaient à ma femme me troubla quelque peu. Je pensai que ma chère Lorenza ne manquerait pas de désapprouver cet engagement-là ; mais, remarquant que ces mots « liens charnels » pouvaient être entendus de diverses façons, je répondis :

— Je le jure.

— Jures-tu de renier le lieu qui te vit naître, pour monter dans une autre sphère, où tu n'arriveras qu'après avoir abandonné ce globe empesté, vil rebut des cieux ?

Comme Palerme est, à tout prendre, une ville assez maussade, où j'avais beaucoup de créanciers, je ne vis aucun inconvénient à la renier et je dis :

— Je le jure.

— Jures-tu de révéler au chef, qui te sera connu dès aujourd'hui, ce que tu auras vu ou fait, lu ou entendu, appris ou deviné, et même de rechercher et d'épier ce qui ne s'offrirait pas à tes yeux ou à tes oreilles, pour le lui confier ?

Cela ne me déplut pas, car je suis curieux et bavard.

— Je le jure.

— Jures-tu d'honorer et de respecter le poignard, l'épée et les autres lames, l'aqua-tofana, la cantarelle et les autres poisons, comme des moyens sûrs, prompts et prudents, de délivrer le monde, par la mort ou par la folie, de ceux qui cherchent à avilir la vérité ou à l'arracher de nos mains ?

— Je le jure.

— Jure encore que tu éviteras l'Espagne, Naples, et toute terre maudite.

— Je le jure.

— Jure enfin, ô mon frère ! que tu fuiras la tentation de dévoiler les mystères auxquels tu vas être initié et le secret qui te sera connu. Songe que le tonnerre n'est pas plus rapide que la mort qui te frapperait à l'heure même de ta trahison, en quelque lieu du monde que tu fusses !

— Je le jure.

Un grand silence se fit. J'attendais, toujours à genoux, un peu inquiet. La curiosité d'être initié aux derniers mystères, de connaître le secret suprême, ne m'empêchait pas de penser avec une espèce de frisson aux cérémonies cruelles par lesquelles se complétait, à ce qu'on m'avait assuré, l'affiliation à la secte des Illuminés.

Le chef des Époptes dit

— Lève-toi. Ce n'est pas dans cette salle que la Parole te sera communiquée. Vois-tu cette porte qui est dans la muraille, à ta droite, et qui paraît fermée ? Va vers elle, pousse-la, entre, et que le grand Architecte de l'Univers te protège !

On voudra bien convenir que ces mots n'avaient rien de très rassurant ; le grand Architecte de l'Univers pouvait avoir d'autres soins en tête ; néanmoins, je fis bonne contenance, et je me dirigeai vers la porte que l'on m'avait indiquée.

Qu'allais-je voir ? quelles épouvantes allais-je rencontrer ?

J'avais ouï parler de fantômes agitant des chaînes autour de précipices où ils vous forçaient à vous jeter, de cent poignards dirigés sur votre poitrine, de verres de sang qu'il fallait boire, de cuves bouillantes où il fallait se plonger tout entier.

Je poussai la porte de marbre et m'engageai dans un corridor absolument obscur, qui me parut très étroit.

Pourquoi le célerais-je ? j'avais peur ; je sentais des gouttes de sueur froide me mouiller le front et les tempes.

Soudain le sol manqua sous mes pieds ; je me crus englouti, et je fis entendre un cri désespéré, en fermant les yeux.

Il est probable que je ne tombai pas de bien haut, car je ne me fis aucun mal ; mais mon étonnement fut plus grand que si je fusse arrivé dans le plus profond des enfers, au milieu de diables agitant leurs fourches.

J'étais dans un cabinet de travail, peu vaste et simplement meublé d'une table, de quelques chaises, d'une bibliothèque qui devait contenir deux ou trois cents volumes. Sous la lueur d'une lampe, dont un abat-jour vert isolait la clarté, un homme, qui me parut jeune encore, feuilletait un gros livre, la tête penchée ; il avait devant lui deux tasses de porcelaine blanche, à côté d'une théière d'où sortait une légère fumée.

— Ah ! ah ! c'est vous, monsieur Joseph Balsamo ? dit-il.

Il avait tourné son visage vers moi. C'était un jeune homme, en effet ; il ne devait pas avoir plus de trente ans. Sous des cheveux si blonds qu'ils paraissaient presque blancs, comme ceux des tout petits enfants, sa figure, un peu pâle, était souriante ; il avait dans ses yeux bleus, très grands, une douceur profonde, et comme une candeur de vierge. Je remarquai qu'il portait une robe de chambre à ramages, d'une couleur presque éteinte, et qu'il avait aux pieds des pantoufles brodées.

— Donnez-vous la peine de vous asseoir, reprit-il en italien, mais avec un accent allemand très prononcé ; je suis heureux de faire votre connaissance.

Je pris place sur le siège qu'il m'indiquait, ne sachant que croire ni que dire. Il poursuivit :

— Eh bien, que pensez-vous de nos petites diableries ? Au reste, j'avais bien recommandé qu'on vous épargnât les épreuves grossières qui ne sont utiles que pour frapper et confondre les âmes banales ; je suppose que l'on s'est conformé à mes instructions.

Il avait des façons familières, cordiales, un air très simple qui ne paraissait nullement affecté.

— Qui êtes-vous donc, monsieur ? demandai-je.

— Ah ! c'est juste ; vous ne me connaissez pas ; votre curiosité est légitime. Eh bien ! mon cher comte, je suis le baron Spartacus de Weisshaupt, pour vous servir, si j'en suis capable.

Le baron de Weisshaupt ! cet homme qui était là, devant moi, sous sa lampe, au coin de son feu, c'était le terrible rêveur qui, avec le baron de Knige, qu'on appelait Philon, avec Swach, qu'on nommait Caton, avec le marquis de Constanza, qu'on appelait Diomède, avec le libraire Nicholaï, qu'on nommait Lucien, avait fondé l'association de l'Aréopage ; le chef à qui obéissaient les initiés de tout grade, les Novices, les Minervaux, les Mineurs, les Majeurs, les Époptes, les Régents, les Philosophes et les Hommes-rois eux-mêmes ; le tout-puissant qui d'un signe pouvait faire se lever cent poignards et tomber cent cadavres, et qui, lorsqu'il lui plairait, précipiterait contre les trônes les cinquante mille initiés de Bavière, les quatre-vingt mille maçons de Prusse, et les deux cent mille Illuminés de Russie, de Hollande et de France !

— On exagère un peu, dit-il avec un sourire, car il comprit à quoi je songeais. Mais le fait est que nous disposons de quelque influence, et que nous avons des projets assez élevés. Tenez, au moment où vous êtes entré, je m'occupais précisément d'une affaire passablement importante, dans laquelle vous nous serez de quelque utilité, je suppose.

— Parlez, répondis-je.

— Oh ! ce n'est qu'un commencement. Il s'agit de déshonorer la royauté en compromettant la reine de France. Mais restez donc assis, mon cher monsieur Balsamo, et permettez-moi de vous verser une tasse de thé.

FIN DU LIVRE PREMIER

LIVRE DEUXIÈME
LE COLLIER DE MYRIA

I
Où l'on verra que je ressemblais à la fois à Jésus-Christ, à César et à Cromwell.

Bien des années plus tard, j'étais à Mittau, qui est la capitale du grand-duché de Courlande ; ce n'est point une ville fort agréable, mais j'y avais été accueilli par toute la noblesse et par le grand-duc lui-même avec les marques d'un si profond respect, que je trouvai poli d'y séjourner quelques mois. Ma chère Lorenza se plaignait bien un peu d'y manquer de divertissement, et même elle en bâillait quelquefois ; il n'y avait pas grand mal à cela, parce que, dans son beau visage, le bâillement n'était qu'une espèce de sourire qui ouvrait mieux sa bouche, cette rose perlière.

Je crois que peu de personnes auraient reconnu dans l'illustre comte de Cagliostro le petit moine défroqué dont j'ai raconté les amours et les juvéniles escapades. J'avais un grand air et une magnifique tournure, et je menais un train de maison qui eût fait envie à plus d'un prince. Il est évident que j'étais riche, puisque j'étais prodigue. Je distribuais plus d'or aux pauvres gens que mon alchimie n'en promettait aux riches assez niais pour me croire. D'où me venaient ces richesses ? Il est inutile de le dire ; j'aime mieux le laisser deviner. J'ajoute qu'il courait sur moi des légendes dont j'avais lieu de m'enorgueillir : nul n'ignorait que j'avais trouvé la pierre philosophale, qu'avec un seul regard je faisais un diamant d'un caillou du Rhin, que je lisais dans l'avenir comme un abbé dans son bréviaire, et qu'il me suffisait d'imposer les mains à un malade pour qu'il fût guéri incontinent.

Tout cela était avéré ; mes cures, mes prophéties, les morts évoqués par ma volonté, étaient l'entretien de toutes les nations civilisées ; il est incontestable que j'aurais été, à mes propres yeux, le plus extraordinaire et le plus considérable des hommes, si je n'avais été un dieu.

Ce matin-là, je me sentais de fort bonne humeur. J'avais reçu d'agréables nouvelles de la Loge de Vienne en Autriche, où le vénérable Saba II m'avait évoqué en présence de tous les frères ; il paraît que j'avais daigné leur apparaître, porté dans les airs par sept anges, au milieu d'une nuée, et que je leur avais adressé un discours plein de belles pensées. J'en étais bien capable. Le vénérable Saba m'en témoignait sa reconnaissance, et il ajoutait, en parlant de Lorenza : « Oserai-je vous prier, ô mon Père adoré, ô mon Tout, ô mon Maître éternel, d'offrir mon respect et mon humble obéissance à la divine Maîtresse ? » Tout était donc pour le mieux. Je me promis cependant de faire savoir aux Maçons de Vienne qu'ils feraient bien de ne pas m'évoquer souvent de la sorte, parce que ces voyages aériens, quoique je les fisse en esprit et sur des ailes d'anges, ne laissaient pas de me fatiguer un peu.

Après avoir parcouru quelques autres lettres, dont l'une m'était adressée par l'impératrice de Russie, qui me sollicitait de venir à sa cour, j'agitai une petite sonnette d'or pur, — je ne l'avais pas fabriquée, — qui était à la portée de ma main.

Un de mes serviteurs entra.

— Faites ouvrir les portes du palais. Je viens d'être averti que Mme de Recke me fait l'honneur d'une visite.

Bien qu'habitué à mes façons, le valet ne put dissimuler son étonnement.

Par qui avais-je pu être prévenu de cette arrivée ?

— Hâtez-vous, lui dis-je, le carrosse n'est plus qu'à cinquante pas de la porte.

La vérité, c'est que j'avais aperçu la voiture, aisément reconnaissable, de Mme de Recke, dans un de ces petits miroirs penchés qu'on a coutume, en Allemagne et en Courlande, d'appliquer au rebord extérieur des croisées. J'avais jugé convenable d'étonner mon domestique. Il ne faut négliger aucun moyen de se faire valoir, surtout aux yeux des petits.

Une superstition d'antichambre peut devenir une croyance de cour.

Je ne dirai que quelques mots de Mme de Recke, bien que j'aie conservé d'elle le plus agréable souvenir. Jeune, belle, — belle surtout par la profondeur rêveuse de ses yeux, — très riche, ce qui n'a rien de bien fâcheux, et très influente sur la noblesse du grand-duché, je n'avais pas tardé à m'en faire une amie, et j'ose le dire, une espèce d'esclave. Je n'avais pas eu beaucoup de peine à cela. Cette charmante femme était encline aux choses mystiques ; je crois même qu'elle était un peu somnambule ; elle avait pour le Sauveur du monde une tendresse passionnée et vaguement maladive, qui la faisait tomber en extase à la seule vue d'une image de Jésus-Christ. Elle se figura que je ressemblais à son céleste amant. Le fait est que cette ressemblance était purement chimérique, car je commençais à prendre un peu de ventre.

Mais je laissai à Mme de Recke une erreur qui lui était chère. Aurais-je pu abuser de la dévotion qu'elle me témoignait pour manquer à mes devoirs d'époux ? Cela était possible, mais je m'en donnai garde. En m'aimant, elle eût peut-être cessé de m'adorer.

Quand elle fut entrée dans le salon où je l'attendais, j'eus la plus grande peine à l'empêcher de s'agenouiller ; je ne pus obtenir qu'elle ne me baisât point les mains.

Elle avait les lèvres fraîches comme une rose humide de rosée.

— Amie, lui dis-je, je vous remercie de votre zèle, mais je ne puis accepter l'offre que vous venez me faire. Ma mission m'occupe tout entier, et n'est pas compatible avec les soucis que m'occasionnerait le gouvernement du grand-duché de Courlande.

— O maître ! s'écria-t-elle, qui donc a pu vous instruire ainsi ?

— Vous savez, répondis-je en souriant, — car c'était ma coutume, surtout avec les femmes, de mêler un peu de familiarité aux miracles ; j'étais prodigieux avec bonhomie ; — vous savez que toutes choses me sont connues. Eh bien, je vous le dis en vérité, la couronne grand-ducale n'a rien qui puisse me séduire. Je vous sais gré d'avoir intéressé en ma faveur le comte de Medem, le comte de Howen et le major Vonkorf, avec qui votre conférence a duré hier jusqu'à une heure fort avancée de la nuit ; je pense, comme vous et comme eux, que les États de Courlande ne refuseraient pas de déposer le prince régnant ; et, certainement, ils ne feraient aucune difficulté pour me choisir comme son successeur. Mais ne parlons pas de cela, je vous en supplie. C'est à d'autres trônes que j'aspire. Et, d'ailleurs, j'ai de l'amitié pour Son Altesse.

Elle se jeta à mes pieds ; elle me conjura de consentir à être le souverain de son pays. La conspiration était bien ourdie ; la réussite, je le reconnaissais moi-même, était assurée ; seul je pouvais faire le bonheur de la malheureuse Courlande. Mais je lui dis sévèrement :

— Femme, pourquoi me tentes-tu ?

Elle s'humilia. Je lui imposai pour pénitence de rester trois jours sans être admise en ma présence. Comme elle pleurait beaucoup : « Eh bien ! deux jours seulement ! mais je n'en retrancherai pas une heure. »

Quand elle fut partie, ma femme entra violemment (elle avait sans doute écouté à la porte) et elle me dit :

— Il faut avouer, Joseph, que tu es un grand sot ! J'aurais été très contente, moi, d'être grande-duchesse.

Je la pris sur mes genoux, et lui baisai l'oreille qu'elle avait petite et rose.

— Lorenzina, lui dis-je, César a refusé la couronne des mains du général Marc-Antoine, et Cromwell l'a refusée des mains du général Lambert. Je puis l'affirmer, puisque j'étais à Rome en l'année 710 de la fondation de cette ville, et à Londres en l'année 1657.

— Nous sommes seuls, bête ! répondit Lorenza.

Lorenza est peut-être la seule femme au monde qui ne m'ait jamais témoigné beaucoup de respect : nul n'est prophète dans son lit.

II
Le grand œuvre.

Une heure plus tard, vêtu d'une laine sans tache et la mitre magique au front, ayant à ma ceinture la serpe, la baguette et l'épée, — car la serpe coupe les mauvaises Pensées, la baguette évoque les bons Esprits, et l'épée écarte les Terreurs, — je me tenais debout, au centre d'un inextricable fouillis de fourneaux, de cornues, de serpentins, de vases et de fioles de toute sorte, sous de hautes poutres d'où pendaient des animaux étranges, vaguement agités. J'étais dans le laboratoire que le grand-duc de Courlande avait fait disposer selon mes indications, dans sa propre résidence. Le soleil, qui s'inclinait vers l'horizon, entrait magnifiquement par une large fenêtre, allumait les yeux d'émail des bêtes mortes, faisait étinceler la verrerie des ustensiles hermétiques, et me baignait moi-même d'une splendeur sacrée.

On frappa à la porte. Sans faire un mouvement, je dis :

— Qui que tu sois, entre.

Le grand-duc se présenta, vêtu selon les rites, d'une longue robe sans ceinture ; il avait la tête découverte et les pieds nus.

— Qui es-tu, toi qui es entré ? m'écriai-je.

Il répondit :

— Je suis un des princes de la terre où nous sommes.

— Tu n'es pas même un des vers de la terre où nous dormirons ! répliquai-je. Malheur à qui s'enorgueillit de son rang ou de sa naissance, dans l'asile de la science et de la vérité ! Malheur à qui se nomme prince ou roi, en présence de celui en qui revivent les mages illustres de jadis : Osiris, qui fut Dieu ; Orphée, qui fut prophète ; Apollonius de Thyane, qui disait de Jésus : « Mon frère » ; Raymond Lulle, qui fut le bûcheron de l'arbre du bien et du mal ; Nicolas Flamel, qui mourut pauvre au milieu de la pluie d'or qu'il répandait sur le monde ; Jérôme Cardan, le pur ascète, dont l'esprit s'était affranchi des apparences terrestres ; Cornélius Agrippa, à qui les empereurs et les papes envoyaient des ambassades ; Guillaume Postel, qui conquit la doctrine absolue ; et le plus grand de tous, Philippe-Théophraste Bombaste, appelé Auréole Paracelse, l'irréprochable ivrogne qui vécut dans une frénésie divine et lucide, et qui guérissait à distance par l'effluve de son regard !

Sous ces reproches, le prince de Courlande baissa la tête.

— Dis que tu es un homme, cela suffit, repris-je, et tâche d'en être un. Que demandes-tu ?

— Je suis un humble profane, dévoré du désir d'être initié.

— Tu demandes beaucoup, répondis-je ; l'initié, — ainsi que le prouvera un sage qui naîtra dans vingt-trois ans, six mois et douze jours, — est celui qui possède la lampe du Trismégiste, le manteau d'Apollonius et le bâton des Patriarches.

— Je me contenterai d'être adepte.

— Tu demandes plus encore. L'adepte est celui qui, par la pensée et par l'œuvre, s'exalte jusqu'à la divinité ! As-tu renoncé aux préjugés, aux passions ? Es-tu certain de tenir à la raison, à la vérité, à la justice, plus qu'à toute autre chose humaine ? Te sens-tu capable d'obéir aux quatre verbes du mage : SAVOIR, OSER, VOULOIR, SE TAIRE ? Si tu peux à ces questions répondre « oui » avec franchise, je te conduirai dans le *Sanctum Regnum*, qui est le royaume de la Magie.

— Je ne l'entends pas ainsi, fit le prince. Je voudrais avoir la Pierre philosophale, qui transforme en or tous les métaux, préserve de toutes les maladies, assure la jeunesse, la santé, la beauté et la vie immortelle.

— Tu demandes peu, répondis-je avec un ton de dédain. Écoute cette parabole : Une fois, Jésus voyageait de compagnie avec Judas Iscariote et Simon Baryona. Ils arrivèrent dans une hôtellerie, et comme ils avaient grand'faim, ils furent attristés de n'y trouver qu'une oie très petite et très maigre. Le régal était chétif pour des voyageurs affamés ; la troisième partie de la bête n'eût fait qu'aiguillonner l'appétit de chacun. Jésus dit : « Nous avons sommeil ; allons dormir. Au réveil, nous nous raconterons nos rêves, et celui qui aura fait le plus beau songe mangera tout seul la petite oie. » Ils firent comme Jésus avait dit. En se réveillant : « Moi, dit saint Pierre, j'ai rêvé que j'étais le vicaire de Dieu » ; Jésus dit : « Moi, j'ai rêvé que j'étais Dieu même » ; Judas Iscariote, à son tour, dit d'un ton hypocrite : « Moi, j'ai rêvé qu'étant somnambule je me relevais, descendais doucement à la cuisine, prenais l'oie et la mangeais. » Là-dessus, on descendit ; l'oie avait disparu ; Judas, au lieu de rêver, l'avait mangée. — Profane qui m'écoutes, est-ce Judas que tu veux imiter ? Préfères-tu la réalité vile aux sublimes vérités des idées ?

— Les beaux rêves sont une belle chose, dit le duc, mais Judas a mangé l'oie.

— Reçois donc la moins bonne part, répliquai-je, tu auras la Pierre !

— Quoi ! vraiment, je l'obtiendrai ?

— Par moi, tu l'obtiendras. C'est un jeu pour le Mage de matérialiser le principe de vie, de le résumer, de le condenser dans la pierre philosophale, appelée aussi Or Vierge, et qui, broyée, donne la poudre rouge, dont la sensibilité est telle qu'elle se dissout lentement sous le regard.

Il me baisa les mains. Je repris :

— Les procédés par lesquels on obtient la pierre divine sont clairement révélés en quelques préceptes que le grand Hermès grava sur la Table d'Émeraude.

— Clairement ?

— Clairement. Hermès dit :

« Tu sépareras la terre du feu, le subtil de l'épais, doucement, avec grande industrie.

« Il monte, et derechef il descend en terre, et reçoit la force des choses supérieures et inférieures.

« Tu auras par ce moyen la gloire du monde universel, et pour cela toute obscurité s'enfuira de toi.

« C'est la force forte de toute force, car elle vaincra toute chose subtile et pénétrera toute chose solide.

« Ainsi le Monde a été créé. »

Le grand-duc m'écoutait avec une sorte d'épouvante.

— Hélas ! j'entends des sons, dit-il, mais je ne perçois pas le sens.

— Je te parlerai donc comme on parlerait à un enfant, répondis-je en le regardant avec un air de hautaine pitié. L'élément premier, c'est l'or terrestre !

— J'entends cela. Il faut de l'or pour composer la Pierre Divine.

— Oui.

— Beaucoup ?

— Beaucoup.

— N'importe, les coffres de l'État ne sont pas vides ; d'ailleurs, on peut établir des impôts. Continuez, maître.

— L'élément premier est soumis à l'action du grand et unique Athanor.

— Athanor ?

— Tu as bien entendu.

— Qu'est-ce ? Est-ce que je le possède ?

— Tout le monde le possède. Il est sous la main de tout le monde. J'imiterai la pudeur des vrais adeptes, en ne lui donnant pas son nom vulgaire ; tu devinerais facilement ce que c'est, quand je t'aurai dit qu'on le désigne sous l'emblème de l'étoile à cinq pointes ou du pentagramme lui-même.

— Hélas ! soupira le prince.

— Je poursuis. L'élément premier, soumis à l'action du grande et unique Athanor, s'épure spirituellement, et devient l'Or Philosophique — ou Or pâle, — lequel, affiné par le soufre, le mercure et le sel, emprunte une âme au germe universel. Après l'avoir réduit en limaille, — sous la clarté des rayons lunaires, — il importe de le plonger dans l'eau-forte, où il se dissout lentement ; puis on place le mélange sur un feu gouverné de façon à produire une évaporation lente et continue. Dégagée de l'humidité, la masse restante est traitée une seconde fois par le soufre, le mercure et le sel, et l'on obtient l'Or Noir. Celui-ci, malléable à la main, répand des exhalaisons mortelles, et l'adepte doit se hâter de poursuivre son travail, qui fait apparaître successivement l'Or sombre ou Or Violet, — il faut éviter de le toucher, car il est caustique, — l'Or Céleste ou Or Bleu, l'Or Mâle ou Or Jaune, l'Or Femelle ou Or Rouge, dont la couleur devient plus vive quand on l'expose aux rayons du soleil, et enfin l'Or Vierge ou Or Blanc, qui est vivant dans la main et qui bat comme un cœur ! Jusqu'à l'instant où il se livre, les dangers de l'opération sont redoutables. Une négligence, une faute, un ralentissement dans l'ardeur du feu, peuvent produire l'explosion du laboratoire et la mort de l'adepte. Mais, au moment du succès, pendant la dernière transformation, qui est sans danger matériel, alors, les angoisses sont indicibles. Nicolas Flamel pleura en sentant l'Or Vierge se tordre dans sa main, et Raymond Lulle, saisi d'une immense pitié, livra aux flammes la matière animée qui se débattait sous ses doigts !

— L'Or Vierge ! cria le duc frémissant d'espérance, la Pierre Divine ! Eh bien, qu'importent les angoisses ! mon cœur est fort. Tentons sur l'heure l'opération terrible…

— Pas encore, répondis-je. Nombre de soins préparatoires sont indispensables. Il nous faut des vêtements de laine filée par une vierge ; il faut que le sceau de Salomon soit gravé sur le seuil de la porte et sur les marches de l'escalier, et que le pentagramme, en qui se résument toutes les figures cabalistiques, consacre les appareils dont nous devons nous servir. Le sceau de Salomon, ou macrocosme, protège celui qui s'occupe de l'œuvre ; le pentagramme repousse les influences funestes ; le premier est une armure ; le second est un bouclier. Et puis, nous n'avons pas l'élément premier, qui doit être en quantité suffisante…

— L'or ?

— L'or.

— Combien en faut-il ?

— Pour une expérience décisive ?

— Oui.

— Mille marcs environ.

— Si vous les aviez, pourriez-vous tenter l'œuvre dès aujourd'hui ?

— Peut-être.

Dès que j'eus prononcé ce peut-être, le grand-duc se dirigea vers la porte. Je lui demandai où il allait ; il ne répondit rien, sinon qu'il me priait de l'attendre ; il sortit en toute hâte.

Il me parut évident que mon disciple ne tarderait pas à revenir, chargé de richesses. Tout autre alchimiste, à ma place, se fut réjoui. Je me sentis plein d'ennui et d'hésitation.

En face de moi, le soleil se couchait dans un immense lit d'or, comme si l'horizon eût été touché par la Pierre Divine. Très haut, bien au-dessus d'une bande d'azur orangé, brillait une pure étoile d'argent ; c'était Hesperus qui surgissait ; on aurait dit une blanche étincelle au front d'un génie invisible. Puis le couchant empourpré s'obscurcit lentement ; il me sembla que mon esprit aussi devenait sombre. J'entendis des pas sur le chemin, devant le château ; je me penchai je vis un homme très vieux qui geignait, l'échine courbée sous un fagot de branches mortes ; en passant, il montra le poing à la résidence princière. Aussitôt, je jetai loin de moi la serpe, la baguette et l'épée, et, considérant ce vieillard, j'avais comme une envie de descendre sur la route pour l'aider à porter sa charge de bois.

Un lourd bruit d'or me rappela de ces rêveries. Le grand-duc était revenu ; quatre laquais déposaient des sacs sur une table voisine. Je me levai, frémissant, et les serviteurs étaient à peine sortis que je m'écriai d'une voix formidable :

— Prends cet or, tout cet or à poignées, Altesse, et jette-le par les croisées du château !

— Hein ? dit le grand-duc.

— M'as-tu entendu ?

— Considérez, mon maître…

— Ton maître ? Obéis donc !

Je n'oublierai jamais la mine singulière que fit en ce moment le prince de Courlande. Sa perplexité était visible ; si d'une part il était porté à se soumettre par la crainte de me donner du ressentiment, et aussi par l'idée que cette dispersion de métal était peut-être un commencement d'opération magique, il lui paraissait fort dur, d'autre part, d'être le Jupiter de cette pluie d'or, sans la compensation d'aucune Danaé.

— Eh bien ? repris-je avec hauteur.

Il baissa la tête, prit trois sacs sur la table, et s'avança vers la fenêtre. Mais, à peine eut-il mis le nez dehors, qu'il recula vivement. Il m'annonça d'un air fort effrayé qu'il passait d'aventure sur le chemin une bande de Tziganes, noirs, farouches, suivis de leurs femmes et de chariots pleins d'enfants, d'où pendaient des loques rouges ; les marcs seraient absorbés par cette foule mendiante, comme une averse par une terre sèche, et l'on ne pourrait pas en retrouver un seul.

— Jette ! répétai-je.

En même temps, je saisis plusieurs sacs et lui donnai l'exemple.

Le grand-duc m'imita avec une condescendance dont je ne pus m'empêcher de lui savoir gré.

Vous devinez l'effet produit par cette précieuse grêle ! D'abord, les bohémiens demeurèrent comme stupides d'étonnement ; quand ils eurent compris, à mes signes, qu'il leur était permis de ramasser la manne grand-ducale, ce furent des bonds extravagants, des cris de joie, cent gestes fous ; toute la bande, et les enfants dégringolés des chariots, se jetèrent sur les monnaies qui ne cessaient de pleuvoir. Bientôt, tous nos sacs furent vides et toutes leurs poches furent pleines. Je leur criai : « Dieu vous garde ! retirez-vous ! » et, après avoir fermé la fenêtre, je me tournai vers le prince aussi stupéfait que les Tziganes, mais par une raison justement contraire.

— Grand-duc ou roi, altesse ou majesté ! lui dis-je, l'agent universel, le principe suprême, ce n'est pas l'Athanor, c'est la justice qui, sous sa forme la plus aimable, a pour nom Charité ! Que vouliez-vous faire de cet or ? De l'or, n'est-ce pas ? J'en ai fait des heureux. Réjouissez-vous, il n'est pas de plus grand œuvre.

Il bégaya :

— Comte ! comte ! que dites-vous là ?

— Je dis que je ne suis pas venu vers vous pour brûler du charbon, pour faire chauffer des creusets, ni pour accroître vos revenus, mais pour vous annoncer que l'heure est proche où l'humanité se rénovera, pour vous jeter, vous et votre peuple, dans la fermentation universelle ! Êtes-vous donc si renfermé dans votre étroite puissance que vous ne sachiez pas ce qui se passe au dehors ? Je suis envoyé pour vous l'apprendre ; vous honoriez l'Alchimiste, saluez le Maçon !

— Le Maçon ! répéta le grand-duc interdit.

— Oui, celui qui bâtit et qui cimente, celui qui, sur les ruines de la société à demi écroulée, élève un jeune et vigoureux édifice. As-tu lu, prince allemand, les philosophes de France ? Sais-tu qu'il s'ouvre, dans toutes les nations, des Loges où les Bourbons eux-mêmes viennent réclamer leur part d'égalité, et que l'Illuminisme est comme un grand bûcher glorieux, où des milliers de justiciers augustes, aux visages masqués, jettent incessamment les préjugés, les esclavages, les fraudes, le vain droit des rois, et les conquêtes sanglantes !

— Chimères ! dit le prince, chez qui la stupéfaction commençait à faire place au courroux.

— Oui, chimères, les choses du passé ! chimères aussi, les sciences mystérieuses dont nous balbutions à peine le premier mot ! Je n'en parle plus, je n'en veux rien savoir, je ne m'en suis servi que pour me rapprocher de toi. Mais vérité, l'avenir ! vérités, la loi nouvelle d'équité et d'amour, l'émancipation de l'homme ! Et voilà la Pierre Divine que nous chercherons ensemble, si tu le veux, mon royal disciple !

J'ai toujours eu une assez grande facilité d'élocution, et comme le sujet n'était pas sans prêter à des développements, je pense que je ne me serais pas interrompu avant une bonne heure au moins, si le grand-duc ne s'était écrié :

— Ainsi, tu n'es pas un alchimiste ?

— Je suis un novateur.

— Tu es un charlatan et un larron ! répondit-il.

Après ces mots, qui me blessèrent d'autant plus que ce jour-là précisément je m'exprimais et me conduisais avec une honnêteté parfaite, le prince de Courlande, tout rouge de colère, — car il avait un tempérament qui le prédisposait à l'apoplexie, — se mit à pousser de grands cris pour appeler ses gens. Je compris qu'il ne faisait pas bon pour moi dans le laboratoire. Ma foi, puisque le révolutionnaire avait compromis le mage, il était juste que le mage tirât le révolutionnaire du péril. Rapidement, je me tournai vers un fourneau où il y avait de grands bocaux pleins d'alcool et d'autres drogues inflammables ; je les renversai sur les braises, et, avant l'arrivée des valets, je disparus par une petite porte, derrière un rempart effroyable de feu qui ne fut pas, je pense, sans roussir quelque peu les cheveux et la barbe du souverain courlandais.

Quand je me trouvai hors de la résidence, — grâce à un étroit passage dont le secret m'était connu, — je ne perdis pas mon temps à pester contre ce stupide grand-duc, qui avait fait mille caresses à un prétendu sorcier, et qui n'eût pas hésité à fouailler un véritable philosophe ; éternelle injustice humaine ! Je résolus de tirer une éclatante vengeance de l'injure qu'on me faisait. Rien ne devait m'être plus facile. Mme de Recke ne m'avait-elle pas offert la dignité grand'ducale ? Maintenant, j'étais décidé à l'accepter, — ce qui serait fort du goût de ma chère Lorenza, — et je me dirigeai en toute hâte du côté de ma demeure. Mon intention était de revêtir des habits convenables, et de me présenter sans retard chez la grande dame. Mais le destin disposa de moi d'une autre façon.

Il y avait devant ma porte une chaise de voyage prête à partir, et je reconnus mes coffres sur la voiture.

Comme je m'approchais, passablement surpris, la tête de ma femme parut à la portière.

— Monte vite, dit Lorenza.

Je savais qu'elle était, sous ses airs frivoles, une personne prudente et de bon conseil ; je montai donc auprès d'elle ; j'étais à peine assis que les chevaux partirent au galop.

Alors ma femme me raconta ce qui était arrivé. Pendant mon absence, « quelqu'un » était venu de la part de « quelqu'un ». Ce que cela signifiait, je le compris tout de suite ! et, malgré moi, j'eus le frisson. Celui qui était venu avait dit : « C'est l'heure », et il avait laissé pour moi une lettre cachetée et une petite cassette que Lorenza me fit voir. La cassette, en chêne, à coins dorés, était d'une pesanteur étrange ; sur le dos de la lettre, au-dessous d'un signe que je reconnus, ces mots étaient écrits : « Le comte de Cagliostro se trouvera, le douze juillet, à la nuit tombante, dans la ville de Merspurg, près du lac de Constance, à l'hôtellerie de la Poste. Le comte de Cagliostro ouvrira cette lettre le douze juillet, après que l'horloge de la cathédrale aura sonné *dix heures du soir* ; il saura alors ce qu'on attend de lui. » A cet ordre, toute considération personnelle devait céder ; je louai Lorenza d'avoir tout préparé pour notre départ, — car j'avais à peine le temps d'arriver à Merspurg au jour marqué ; — je plaçai la cassette, qui rendit un son clair, presque lumineux, pour ainsi dire, sous la banquette de la chaise, la lettre dans la poche de ma robe magique, et pendant que les chevaux nous emportaient, je me mis à rêver, non sans inquiétude, à la nouvelle aventure où j'étais destiné à jouer un rôle.

Je sais bien ce qu'on a raconté à propos de ce brusque départ ; on a dit que j'avais dû quitter Mittau à la suite d'un vol de mille marcs d'or commis au préjudice du grand-duc. J'ai raconté l'histoire de ces marcs, et je pense qu'elle est de nature à me faire honneur. Ce qui donna lieu sans doute à une aussi invraisemblable calomnie, c'est que, peu après avoir passé les portes de la ville, je fis la rencontre des bohémiens envers lesquels j'avais usé de tant de générosité. Comme je les considérais, ils me reconnurent, et ces braves gens, — avec une délicatesse peu commune chez ceux de leur nation, — me prièrent d'accepter la moitié des sommes qu'on leur avait jetées. Je voulus refuser, mais voyant à leur air que mon refus les désobligeait, je n'y persistai pas, par un sentiment qu'apprécieront toutes les âmes un peu bien situées. Mes ennemis se sont autorisés de cela pour ajouter que c'était moi qui avais donné l'ordre aux Tziganes de passer sous la fenêtre du laboratoire. On conviendra que c'est là une imagination bien fantasque. Au total, ils me remirent cinq cents marcs d'or que j'employai, par la suite, à fonder un hôpital dans la ville de Strasbourg et à acheter des rubis balais à ma Lorenza bien-aimée.

III
Où il est question d'une demoiselle qui avait une puce dans son corsage, et d'un bourgeois en lévite marron qui ne voulait pas qu'on parlât du Diable.

La journée avait été fort triste ; c'était la cinquième de notre voyage ; nous ne devions pas tarder à apercevoir les premières maisons de Merspurg. Une pluie fine, qui était plutôt une brume épaisse, estompait les lointains et couvrait la campagne d'une sorte de voile. Le ciel gris de plomb, où l'on ne pouvait deviner la marche du soleil, s'obscurcissait de plus en plus, — sombre et pesante coupole qui prenait çà et là des teintes plus foncées ; l'air était étouffant et plein de tensions orageuses.

La route gravissait une colline au sommet de laquelle je distinguai un gros bâtiment carré, à large enseigne criarde, peinte de ce rouge ennuyeux dont les Allemands, par une fantaisie grossière, badigeonnent volontiers leurs maisons, et même leurs églises. Ce devait être l'hôtel de la Poste. Je ne me trompais pas.

Notre entrée parut causer un certain tumulte dans la maison. L'hôte, obséquieux, son bonnet sous le bras, se plaignit d'un encombrement de voyageurs qui ne lui permettait pas de nous recevoir comme il l'eût désiré. Le bateau qui faisait la traversée de Souabe en Suisse avait été fort avarié l'avant-veille, par un incendie dont la cause était demeurée inconnue, et les personnes venues à Merspurg pour s'y embarquer se voyaient contraintes d'y séjourner. Cet incendie, qui avait motivé ce séjour, me fut matière à réflexions. Je connaissais les façons des Illuminés ; ils s'entendent parfaitement avec le hasard. Cependant, l'hôte nous conduisit dans des chambres assez propres, où nous attendîmes l'heure du souper, qui devait avoir lieu dans la salle commune.

Ma belle Lorenza, dont le succès était la plus chère de mes joies, fit une de ces toilettes dont elle avait le secret. Je ne sais comment elle s'y prenait, mais avec un ruban, une fleur, un flot de dentelles, elle se composait des parures dont le principal attrait était l'étrangeté. Il y a du génie à ces choses-là, et elle n'avait pas de rivale dans l'art de sertir sa beauté. Je l'admirais chaque jour davantage : c'était le Protée de la séduction ; elle était femme à demeurer toujours supérieure à la fortune que je pourrais lui faire.

L'heure du souper venue, ce ne fut pas sans une certaine émotion que j'entrai, donnant le bras à Lorenza, dans la salle à manger de l'hôtel où se trouvaient déjà quatre personnes.

La première qui attira mon attention fut une assez jolie femme, à l'air tout à fait extravagant. Je la reconnus, l'ayant rencontrée naguère à la cour de Pologne ; tout Varsovie s'entretenait alors de l'amour insensé du comte de Brulh, grand écuyer, qui se ruinait pour cette créature. On la nommait Mlle Renaud ; son métier était de danser, quand cela l'amusait, au grand théâtre de Vienne. Capricieuse et libertine au delà de ce qui est toléré par l'indulgence de la bonne compagnie, c'était un mauvais sujet dans toute la force du terme. D'ailleurs, gâtée au physique comme au moral. La voix publique m'avait renseigné là-dessus, et même, je m'en étais entretenu avec le comte de Casanova, qui avait promis de n'en point parler dans ses Mémoires, et qui n'a pas tenu sa parole, comme un aventurier qu'il est.

A côté d'elle se tenait assis un bonhomme en lévite marron, qui devait être un bourgeois de la contrée, venu à Merspurg pour la foire prochaine ; il avait un peu de l'air d'un ministre huguenot et se montrait fort scandalisé des façons de sa voisine, qui ne cessait de folâtrer et de rire, et ouvrait de temps à autre son corsage, pour y chercher une puce qu'elle avait gagnée, disait-elle, peu de jours auparavant, à la cour de l'électeur de Trèves. Une puce archi-épiscopale.

Mlle Renaud nous salua d'un geste délibéré et passablement protecteur. Je m'inclinai, en modifiant l'apparence de mon visage, pour éviter d'être reconnu par cette étourdie. Dès que j'eus tourné les yeux vers deux jeunes femmes qui occupaient le haut bout de la table, je ne m'occupai plus que de celles-ci.

Bien qu'elles se ressemblassent assez peu, il était aisé de deviner qu'elles étaient sœurs, et quelques mots de leur conversation m'apprirent qu'elles étaient françaises.

L'aînée — tout au plus avait-elle vingt ans — me surprit par le jet hardi de son regard ; évidemment elle ne devait avoir peur de rien. En revanche, on pouvait avoir peur d'elle. Elle était d'une beauté irrégulière, tout à fait saisissante. Très délicate de façons, assez petite et svelte, non sans un peu d'embonpoint, je retrouvais en elle le charme attractif qui émanait de Lorenza. De grands yeux bleus, pleins d'expression et de vague tendresse, illuminaient son visage, pendant que ses sourcils noirs et bien arqués annonçaient le courage et une volonté hautaine. Elle me fit l'effet d'une grande dame à l'état d'éclosion. Son visage ovale était plein de fierté, mais sa bouche rose et souriante, meublée de petites dents nacrées, corrigeait ce grand air par un sourire enchanteur. Ses mains blanches et fines, d'un pur dessin aristocratique, avaient des doigts longs et déliés ; j'ai rarement vu de plus petits pieds que ceux qui se cachaient dans ses mules. Embellissez tout cela d'une blancheur neigeuse, vivante et frissonnante, étrangère aux pâleurs de la cire et aux tons mats de l'ivoire, et vous aurez le portrait de cette dangereuse créature.

Il faut tout dire pourtant. Je vois bien et je vois tout. Les contours gracieux de son buste avaient quelque chose d'inquiétant. Quand son corsage se gonflait sous l'effort de la respiration, il ne se soulevait que d'un *seul côté*. Le sein gauche demeurait immobile, comme si Dieu l'eût fait d'airain, pour y renfermer un cœur redoutable. Il y avait peut-être une autre raison à cela.

Il était difficile d'être jolie auprès d'une pareille aînée. Aussi la sœur cadette n'y mettait-elle aucune prétention. Fillète — sa sœur l'appelait ainsi — me fit l'effet d'une belle petite commère de seize à dix-sept ans, rebondie sur toutes les faces, blonde, rieuse, épanouie, et telle qu'un honnête homme eût très bien pu s'en contenter.

Je m'étais assis à côté de Lorenza, non loin des deux voyageuses françaises. Le souper fut d'abord assez maussade, comme il arrive en voyage, quand les convives sont inconnus les uns aux autres. Mlle Renaud, qui ne détestait rien tant que le silence et l'immobilité, ne tarda pas à rompre la glace. Elle nous déclara nettement qu'elle était une bonne fille, — ce dont je n'avais aucun motif de douter, — et qu'elle avait les plus belles jambes de l'Europe ; pour un peu elle les eût montrées. Elle voyageait afin de se désennuyer des deux derniers amants qu'elle avait eus, et s'en allait à Paris, où elle entrerait au couvent, dans l'intention de faire pénitence ; mais il était possible qu'elle s'en fît enlever, si elle trouvait quelque bonne occasion ou un engagement à l'Opéra. Tout en ponctuant ce beau discours de maintes rasades de vin de Champagne, elle nous demanda qui nous étions, d'où nous venions, où nous allions, et quels étaient nos projets. Il est vrai qu'elle n'attendait pas nos réponses à ses questions.

Subitement, après un dernier cornet avalé, elle tomba dans la mélancolie, abandonna le dé de la conversation, et, se renversant sur son siège, se prit à regarder au plafond les fumées du vin qu'elle avait dans la tête.

Son bavardage avait fait naître quelque familiarité entre les convives ; seul, le bourgeois à l'air de pasteur huguenot gardait un air grave et se tenait coi. Je ne dissimulai pas que j'étais le chevalier Pellegrini, et de leur part les deux dames françaises nous dirent qu'elles se nommaient Jeanne et Fillète de Saint-Rémy. Elles étaient orphelines, libres de leurs personnes, et poursuivaient un procès qui devait leur assurer la possession d'un des plus grands domaines de France, injustement soustrait à leur famille. On leur avait fait espérer la protection puissante, presque souveraine, d'un grand seigneur qu'elles n'avaient pas craint d'aller chercher à Vienne. Mais, chemin faisant, elles avaient reçu l'avis que le personnage auprès duquel elles voulaient solliciter revenait en France, et elles avaient jugé inutile de pousser plus avant.

— Peut-on, sans indiscrétion, leur dis-je, vous demander quelles sont les terres que vous revendiquez ?

— Cela n'est point un secret, répondit Jeanne de Saint-Rémy ; ce sont les fiefs de Fontête, d'Essoyes et de Verpillière.

— Diavolo ! m'écriai-je, ce sont, si je ne me trompe, des fiefs relevant de la couronne ?

— Il est vrai, répondit la jeune fille.

— Oh ! repris-je en souriant, cela n'a rien qui m'étonne. Savez-vous ce que j'ai vu distinctement dans vos cheveux, quand j'ai eu l'honneur de m'asseoir auprès de Votre Beauté ?

— Quoi donc ? dit-elle.

— Une fleur de lys d'or.

Je ne mentais qu'à demi, ce qui est admirable pour un sorcier. Par une hallucination qui me parut alors fort saugrenue, ce n'était pas dans les cheveux de Jeanne de Saint-Rémy que j'avais vu la fleur de lys, mais sur son sein vivant, sur celui qui palpitait !

La belle demoiselle devint toute rouge, d'étonnement peut-être ; le sang montait à sa jolie tête.

— Monsieur, dit-elle, êtes-vous seulement le chevalier Pellegrini ?

— Par Protée ! répondis-je, un seul nom pour un homme comme moi, ce serait peu de chose ! Je suis aussi le comte Harat, le génie Phœnix, Belmonte, qui a vécu dans le monde souterrain des Pyramides, le marquis d'Anna, et votre serviteur, le comte de Cagliostro.

— Cagliostro ! s'écria la Renaud en bondissant sur sa chaise. Eh ! parbleu ! oui, c'est lui. Ah ! comte, cette fois, je ne vous quitte pas que vous n'ayez tiré mon horoscope.

— Bon ! il n'est point d'avenir certain pour une tête comme la vôtre : je vous prédirais le paradis que vous vous jetteriez en enfer pour me faire pièce.

— Monsieur, me dit d'un ton revêche le bourgeois en lévite marron, ne parlez pas de l'enfer, je vous prie.

J'allais lui demander la cause de cette observation, quand la belle Jeanne, qui me regardait fixement depuis que j'avais dit mon nom, me parla en ces termes :

— Monsieur le comte, on s'inquiète beaucoup de vous en France, et vous voyez que les jeunes filles elles-mêmes y savent votre nom. Les pouvoirs qu'on vous attribue sont tellement extraordinaires qu'on ne sait ce qu'il faut en croire. J'admire le hasard qui nous a fait vous rencontrer. Êtes-vous réellement mon serviteur, comme vous le dites ?

— N'en doutez pas, mademoiselle.

— Eh bien ! je veux mettre votre science à l'épreuve, — si madame y consent, ajouta-t-elle en s'inclinant vers Lorenza, — car je devine la comtesse de Cagliostro à son incomparable et merveilleuse beauté.

Lorenza rougit et, avec sa franchise italienne un peu naïve, envoya un baiser du bout des doigts à la jolie Française.

— Vous allez me demander, repris-je, votre bonne aventure ?

— Bonne ou mauvaise, répliqua Jeanne gravement.

— Il se peut que je vous la dise ; mais vous voyez que nous arrivons à peine au dessert, et nous pouvons remettre à plus tard nos petites diableries.

— Monsieur s'écria de nouveau le bourgeois à mine huguenote, ne parlez pas du diable, je vous en conjure.

— Vous êtes donc bien sensible aux choses théologiques ? Diablerie est mis là pour expérience. Est-ce que vous croyez au diable, par hasard ?

— Et vous, dit l'étranger, est-ce que vous n'y croyez pas ?

On n'est pas maître de certaines faiblesses d'esprit. Cette voix était si froide, ce visage glacé me regardait d'une si étrange façon, que j'en eus un instant la langue paralysée ; un tressaillement, je ne sais pourquoi, me parcourut le corps. Je ne fus pas le seul à éprouver cette impression de gêne et presque d'épouvante. La belle Jeanne demeura pensive ; Mlle Renaud elle-même ne s'avisa point de bavarder. On desservit ; nous restâmes assis autour de la grande table de l'auberge, silencieux : personne ne songeait à se lever. Les chandelles, dispersées çà et là, ne donnaient qu'une faible clarté. Par les fentes des volets qu'on venait de clore, nous arrivaient des jaillissements de lumière subite ; c'étaient des éclairs. La pluie ne tintait plus sur les vitres ; mais le vent gémissait dans les corridors, faisait crier l'enseigne, et l'orage gronda. En même temps, une horloge d'église sonna dans le lointain. Dix coups lents, solennels ; il était *dix heures du soir* ; deux coups de tonnerre complétèrent minuit. Mlle de Saint-Rémy leva vers moi son visage.

— Je vous ai interrogé, dit-elle.

— Exigez-vous que je réponde ?

— Oui.

— Vous serez donc satisfaite. Mais, ajoutai-je avec un sourire qui fut le dernier de la soirée, la divination ne va pas sans quelque charlatanisme, et il y a certains instruments indispensables que je dois aller chercher.

Quand je revins dans la salle, après une très courte absence, je plaçai sur la table quelques objets nécessaires à mes expériences. Ma femme m'observa et me dit, très émue :

— Qu'as-tu, Joseph ?

— Rien, répondis-je d'une voix que j'entendis trembler.

Lorenza me conta plus tard qu'elle ne m'avait jamais vu aussi pale que je l'étais en cet instant.

Les demoiselles de Saint-Rémy et la Renaud se levèrent à mon entrée ; quant au bourgeois, il s'était retiré dans le coin le plus éloigné de la salle, sans doute pour n'avoir rien à craindre de mes « diableries ».

Je dis à Jeanne de Saint-Rémy :

— Vous voulez savoir, vous saurez. Donnez la main à l'Initiée.

Lorenza, que je désignais, frémit à cette parole. Elle ne se prêtait jamais sans un peu d'effroi à mes opérations magiques. Elle me dit : « Non, pas ce soir ! Cet orage m'a brisée. Je t'en prie... » Je comptais précisément sur l'orage qui, d'ordinaire, exaltait singulièrement l'organisation nerveuse de ma femme. Quand il tonnait, il me suffisait de diriger mon regard vers ses tempes ou vers son épigastre, pour qu'elle frissonnât tout entière et qu'elle *vît* les yeux fermés.

Je lui répondis sévèrement : « Obéissez. » Elle courba le front et s'affaissa dans son fauteuil, le regard presque éteint, les lèvres balbutiantes.

Sur un signe que je fis, Mlle de Saint-Rémy se rapprocha. Elle se plaça en face de Lorenza, à qui elle livra sa main, non sans un peu de défiance. Lorenza prit cette main dans les siennes et la pressa lentement. Ses yeux se vitrèrent ; sa physionomie changea, eut une expression de souffrance et d'angoisse ; ses joues se creusèrent, ses lèvres bleuirent, et *l'un de ses seins* fléchit. Elle arrivait, sous l'empire d'une puissance inconnue, à ce phénomène d'assimilation, que je demandais, moi, à des artifices matériels. Oui, Lorenza se prit à ressembler à Jeanne, mais d'une façon lugubre et désastreuse, comme un fantôme agrandi, et, de ses lèvres blêmes, avec un effort d'arrachement, sortirent ces mots lamentables :

— PRENEZ PITIÉ DU SANG DES VALOIS !

— Non ! non ! s'écria Jeanne, en retirant sa main à l'Inspirée, pas cela ! pas cela ! Vous nous connaissez, monsieur, et vous nous rendez victimes d'une infâme comédie.

— Croyez-vous ? répondis-je en lui désignant Lorenza ; regardez-la bien.

Jeanne s'approcha de ma femme, lui renversa la tête en arrière, la contempla longuement, compara ce visage sinistre à la beauté rayonnante qui l'avait auparavant éblouie, et s'écria :

— Réveillez-la, monsieur le comte, réveillez-la ! elle me rendrait folle. Oui, tout cela est vrai. J'ai souffert ce qu'on lit sur ce front altéré : le froid, la faim, les coups, les morsures ! J'ai gravi mon calvaire, enfant ! *Prenez pitié du sang des Valois !* Oui, j'ai mille fois répété ces paroles douloureuses, mendiant, à demi-nue, sous la pluie, dans la neige, brûlée par le soleil, glacée par le vent, — moi, la petite-fille de François Ier ! Car vous avez vu la fleur de lys briller à mon front !

— Calmez-vous ! lui dis-je, car je sentais que la crise de Lorenza devenait contagieuse, calmez-vous, je le veux !

— Soit, dit-elle affolée, je vous promets d'être sage…

Ce mot soumis et caressant, qui me répondait de son obéissance, me toucha profondément. Je réveillai Lorenza, en la baisant sur les yeux et en soufflant sur ses paupières. Fillète et Mlle Renaud me considéraient avec un effroi superstitieux ; dans son coin, le bourgeois demeurait sans mouvement et sans parole, m'épiant, m'inquiétant presque, car il était le seul des personnages présents sur lequel je n'eusse aucune information, et se trouvait là sans doute par un hasard véritable. Jeanne de Valois reprit :

— Ce n'est pas dans le passé que je demande à lire, c'est dans l'avenir.

— Si vous voulez connaître l'avenir, mademoiselle, dis-je à la noble Jeanne qui me regardait avec ses grands yeux, il nous faut interroger un être assez pur pour entrer en communication avec les puissances immatérielles, et, néanmoins, ce ne peut être un enfant. Le VOYANT ou la VOYANTE doit avoir atteint l'âge de puberté et posséder l'innocence la plus parfaite.

— Ma sœur Fillète, répondit-elle, est justement ce que vous souhaitez. Si vous acceptez sa médiation, nous éviterons de mettre de nouvelles personnes dans la confidence de nos secrets, et ce me sera une garantie de votre sincérité.

Ces derniers mots me prouvèrent que la jeune personne, quoique fort émue, ne laissait pas de raisonner assez nettement. A ma grande surprise, Fillète fit une forte résistance, et ne céda que devant l'ordre formel de sa sœur : je vis le moment où elle allait s'accuser d'une faiblesse de cœur pour échapper à l'honneur que nous voulions lui faire ; mais Jeanne répondit de sa cadette, et nous la donna pour une « petite bête » sans amour et sans malice.

Cette intelligence naïve n'empêchait pas la petite sœur d'avoir des nerfs, et je m'en assurai en la regardant de près. Elle me parut propre à l'expérience que nous allions tenter. Pendant que les voyageuses s'entretenaient à voix basse, avec une discrétion mêlée de terreur, je disposais sur la grande table l'appareil de divination. Par-dessus une toile très fine et d'une blancheur complète j'étendis le grand tapis maçonnique noir, où étaient brodés en rouge les signes cabalistiques des Rose-Croix du degré supérieur. Au centre je plaçai une carafe de cristal parfaitement transparente, contenant de l'eau de pluie parfaitement pure. Je la consacrai aux sept planètes, en y jetant sept pincées de poudres métalliques d'une extrême finesse, empruntées aux sept métaux majeurs. L'eau prit des teintes nuageuses, avec de bizarres ondulations. J'entourai la carafe de divers emblèmes défensifs et de fioles pleines d'eau lustrale, placées entre deux petites idoles égyptiennes en jade vert, révérées par les mages. Derrière la carafe se dressa le *crucifix particulier* qui préside à ces sortes d'opérations. Je prononçai les mots qui commandent aux génies révélateurs, et je fermai la carafe au moyen d'un disque de cristal sur lequel j'apposai un cachet de cire verte, portant l'empreinte auguste du Tétragrammaton.

Au moment où je terminais ces préparatifs, un coup de foudre fit trembler l'auberge tout entière et me jeta dans l'épouvante. Le ciel s'associait évidemment à mes travaux ; les génies des régions éthérées, trop souvent sourds à la voix des mortels, planaient au-dessus de nous ; je ressentais l'horreur pieuse qu'inspire la présence des êtres invisibles.

Fillète, habillée salon les rites, c'est-à-dire toute nue sous une étoffe blanche, était agenouillée devant la table et contemplait avec un vague effroi le cristal limpide où se reflétaient les clartés voisines. On lui couvrit la tête d'un voile léger qui n'interceptait pas la vision, et sous lequel je fis brûler des parfums enivrants. La myrrhe, le cinnamome, l'encens s'élevèrent en blanches vapeurs, retenues autour du front de la Colombe, — c'est le nom qu'on donne aux jeunes médiatrices, — par la gaze qui l'enveloppait. Alors je l'appelai :

— Fillète.

Tout le monde était dans l'attente ; je tirai mon épée que j'agitai au-dessus de nos fronts et que je posai ensuite sur la tête de l'enfant.

— Regarde, fis-je, et dis ce que tu vois.

— Je ne vois rien, répondit-elle au bout d'un instant.

— Regarde mieux, repris-je en levant l'épée, de façon à ce que sa pointe touchât le front de la Colombe, et parle au nom de Dieu ! parle au nom du Glaive !

— Il sort du feu de l'épée, dit la Colombe ; retirez-la.

— Pas avant que tu aies parlé.

— Hélas dit-elle toute tremblante, je vois des nuages, des gens armés, des batailles, des tempêtes, mais tout cela se mêle et je ne distingue rien.

— Les Génies vont descendre ; regarde toujours. Dis-moi le sort du sang de tes veines !

— Je vois, dit Fillète d'un ton plus assuré, un grand espace découvert où le jour se fait lentement. C'est une campagne superbe, avec des ruisseaux, des lacs et des grands arbres sous lesquels se promènent des seigneurs et des dames. Il y en a une plus grande que les autres. C'est… non, je me trompais ; c'est une paysanne, une laitière ; tous ces gens-là sont des paysans ; mais qu'ils sont beaux et bien parés ! Il est fâcheux que l'orage gronde toujours. Pourtant le ciel est bleu. Il y a, dans le fond, une petite femme qui s'avance en casaquin rayé, vert et rose ; on dirait ma sœur Jeanne lorsqu'elle va au Cadran-bleu avec son amoureux, et qu'elle ne veut pas m'emmener…

— Ne l'interrompez pas, dis-je à Jeanne qui se levait toute rougissante.

— C'est une mignonne grisette… et c'est ma sœur. Est-ce toi, Jeanne ? Elle ne répond pas. Elle s'approche de la laitière. Toutes deux se sourient : elles causent, elles ont l'air de s'aimer. Tiens, c'est drôle, une grisette, une laitière qui jouent avec des diamants plus magnifiques que les diamants d'une reine ! Oh ! le beau collier ! le beau collier qu'elles essaient l'une après l'autre ; on dirait un serpent d'étoiles. Et toutes deux ont une couronne au front. — La même couronne. Que cet orage est ennuyeux ! Le temps se couvre, on a peur, on fuit de tous côtés. Les fleurs de lys de diadèmes se sont changées en mouches d'or, qui volent et tournent autour des deux amies. Ce sont d'affreuses guêpes. Jeanne, prends garde ! Ah ! je ne veux plus voir... Otez, ôtez cela !

— Regarde, dis-je à Fillète, regarde toujours.

— Non, je ne veux pas !

Elle tomba sur ses talons, renversée en arrière, et se couvrit la figure de ses mains.

— Relève-toi ! je veux que tu voies, je veux que tu parles !

— Non ! non ! criait l'innocente en se débattant.

— Je le veux !

— Non ! répétait-elle en se roulant sur le parquet, égarée, folle d'émotion, en proie à l'exaltation lucide des voyantes.

L'orage nous servit. Un nouveau coup de foudre, terrible, secoua l'auberge jusque dans ses fondements ; je saisis Fillète délirante, dont je comprimai les mouvements désordonnés, et je la maintins en face du globe de cristal, où l'eau irradiée était agitée par des bouillonnements étranges. La Colombe essaya de se débattre encore mais ses yeux étaient invinciblement attirés par le point lumineux où s'agitaient les génies.

— Je vois, cria-t-elle, des gens qui se battent, des bonnets rouges, et une grande faux d'acier qui coupe comme du blé les grands arbres de tout à l'heure et les têtes des seigneurs ?

— C'est moi qu'il faut voir ! dit Jeanne.

— C'est votre sœur.

— Ma sœur ?... oui... je la vois... Qu'elle est belle ! Elle est éblouissante de lumières, de pierreries...

— Ai-je la couronne ? demanda Jeanne triomphante.

— La couronne a disparu. Mais une des mouches d'or est restée. Elle tourbillonne autour de Jeanne qui fuit devant elle ; elle la poursuit, elle l'attaque... au sein... Dieu ! cette fleur de lys !

— Elle est à moi ? dit Jeanne.

— Elle est rouge, sanglota Fillète, rouge comme du feu, et c'est Jeanne qu'elle brûle ! Seigneur ! Seigneur ! Prenez pitié du sang des Valois !

L'enfant tomba défaillante, en poussant ce cri désespéré ; la tension de ses nerfs était à son paroxysme. Je la relevai pour la confier à Lorenza, qui la prit sur ses genoux et l'éventa doucement.

Au bout de quelques minutes, la pauvrette se mit à pleurer. Je fis disparaître rapidement les objets qui avaient servi à notre évocation, et quand la Colombe, au sortir du bain d'air dont nous l'avions entourée, ouvrit lentement les yeux, elle avait l'air vague et doux d'un marmot qui s'éveille.

Jeanne de Valois était restée étrangère aux soins donnés à sa sœur.

Elle s'était retirée dans une partie obscure de la salle, et préoccupée, sombre, elle regardait devant elle avec une espèce de stupeur. Enfin, d'un signe, elle m'appela à ses côtés. Je lui pris les mains et nous nous regardâmes.

Elle ne baissa pas les yeux.

— C'est bien, dit-elle. On ne ment pas. Vous êtes un être extraordinaire. J'ai confiance en vous. Qu'avez-vous à me conseiller ?

— D'aller en avant, lui dis-je. Il n'y a qu'une sorte de gens qui arrivent, ceux qui ne s'arrêtent pas.

— On a des ennemis, fit-elle.

— Il faut les perdre.

— Il y a des obstacles.

— Il faut les briser.

— Rentrerai-je dans les biens de ma famille ?

— Non.

— Pourquoi ?

— Parce qu'une volonté puissante s'y opposera.

— Une volonté royale ?

— Plus grande encore.

— Quoi de plus grand au monde qu'un roi — ou une reine ?

— Un peuple.

— Serai-je riche, au moins ?

— Oui.

— Sans fortune à présent, sans protecteur, sur quoi m'appuierai-je ?

— Sur l'idée fixe et la volonté persistante ; sur l'intelligence qui profite des circonstances et qui les fait naître au besoin ; sur la séduction, sur la ruse, sur l'audace. Vous avez une grande force, vous êtes femme, et une grande faiblesse, vous êtes trop femme.

— Qu'en savez-vous ? dit-elle.

— Pourquoi feignez-vous de vous méprendre au sens de mes paroles ? Vous êtes naturellement chaste, et ce n'est pas votre cœur qui vous entraînera ; nous savons tous les deux qu'il n'y a rien là, ajoutai-je en lui posant le doigt sur le sein gauche.

Elle ne put s'empêcher de rougir ; elle était encore fort jeune.

— Quand je dis que vous êtes trop femme, continuai-je, j'entends que vous êtes frivole, vaniteuse, que vous aimez les bijoux, les diamants, — les diamants surtout, — tout ce qui brille comme vos yeux éclatants et doux.

— Je me corrigerai. M'aiderez-vous ?

— Oui, si vous m'obéissez. Je sais qu'il n'y a rien dans votre bourse ; je mets à votre disposition deux cents louis ; je vous offre aussi une maison que j'ai à Paris, rue Saint-Charles. Mais vous n'en aurez pas l'emploi.

— Comment cela ?

— Vous verrez. Cependant, souvenez-vous d'une chose ; soyez toujours la fidèle alliée, non pas de Cagliostro, — je ne suis qu'un passant, — mais de ceux qui sont derrière moi et agissent par moi. Si vous entrez en lutte avec leur volonté, vous êtes perdue.

— Qui donc sont-ils ?

— Je ne puis vous le dire. Devinez le bras à la direction de la poussée ; mais étant leur instrument, ne les obligez pas à vous briser.

— Je tacherai de comprendre et d'obéir.

— C'est bien.

— Qu'avez-vous à m'ordonner aujourd'hui ?

— Écoutez ! lui dis-je en tendant le bras vers la fenêtre.

— Quoi donc ?

— Ce bruit au dehors.

L'orage s'était apaisé ; on n'entendait plus que la pluie battant les volets. Mais sur cette base monotone, des cris, des appels retentirent ; la porte de la maison fut heurtée avec rudesse ; le cliquetis de ferraille d'une escorte mettant pied à terre annonçait que quelque grand personnage approchait de l'hôtellerie. En effet, le roulement d'un carrosse se fit entendre et s'arrêta devant la porte.

— Maintenant, regardez ! repris-je.

Des gardes, des postillons firent irruption dans la salle, sans paraître nous apercevoir ; et, précédé par l'hôte, un homme entra, vêtu en cavalier, le tricorne sur l'oreille, l'œil fier et l'air dédaigneux. Il ne fit que traverser et monta vers les appartements supérieurs, suivi de ses valets.

— Voilà l'homme qui vous ramènera en France, dis-je à Jeanne de Valois.

— Qui est-ce ?

— Monseigneur Louis de Rohan, ambassadeur de France à la cour d'Autriche.

— C'est lui que j'allais solliciter à Vienne !

— C'est lui qui vous sollicitera à Paris.

— Et qu'en ferai-je ?

— Votre amant.

— Pourquoi ?

— Parce qu'il est amoureux de la reine de France.

Un éclair brilla dans ses yeux. Elle me murmura : « Soit ! » et après avoir dit d'une voix tout à fait naturelle : « Viens te coucher, Fillète », elle sortit de la salle en emmenant sa sœur.

Je me retournai. Ne pouvant parler, la Renaud avait bu ; puis elle avait fini par s'endormir d'un tel sommeil que le passage bruyant de l'ambassadeur ne l'avait pas réveillée. Je lui soufflai sur le front ; elle eut un petit sursaut et me dit :

— Ah ! c'est vous ? vous avez achevé de dire la bonne aventure à votre demoiselle française ? Savez-vous qu'il n'y a rien de plus amusant que la scène de tout à l'heure ? C'était beau comme un acte d'opéra. Elle joue fort agréablement, cette petite Fillète, sans avoir l'air d'y toucher. Mais est-il bien nécessaire, comte, d'avoir des carafes, des épées et des tapis rouges pour annoncer l'avenir aux gens ? Faites-moi grâce du décor, et dites-moi mon sort comme un sorcier sans façon.

— Oui-dà ? Eh bien, vous deviendrez bourgeoise de Paris et vous épouserez un imbécile.

— De quelle main ?

— Des deux mains.

— Quoi ! fit la Renaud stupéfaite, je deviendrai honnête femme ?

— Je n'ai pas dit cela. Avez-vous entendu parler de Bœhmer et de Bassanges, les orfèvres de la reine ? Oui ? Vous serez la femme de Bœhmer, voilà tout.

— Ah ! dit-elle, c'est une plaisanterie. Bœhmer est fort riche, et il est peu probable qu'il se soucie d'une fille comme moi.

— C'est trop de modestie. Vous avez une dot qui lui fera ouvrir l'œil.

— Moi ? Une dot ?

— Oui. Deux millions, que je vous donne.

— Vous rêvez tout éveillé, mon cher comte.

— J'ai plutôt la coutume de veiller en rêvant. Deux millions en diamants que voici, ajoutai-je ; regardez.

A ces mots, j'ouvris sous les yeux de Mlle Renaud une petite cassette que j'avais apportée avec mon attirail du magicien. La danseuse ne put retenir un cri d'admiration devant la vision de flamme qui lui brûla les yeux. Je refermai la cassette et je dis :

— Il est fort logique qu'un orfèvre épouse des diamants. Prenez donc cette cassette, et partez pour la France. De ces pierres, Bœhmer fera un *seul collier*, vous obtiendrez cela de lui. A vrai dire, je dois ajouter une chose ; si vous n'épousiez pas le bijoutier de la reine, je me verrais dans l'obligation de vous réclamer les diamants.

Éblouie, ahurie, ne sachant que croire ni que dire, Mlle Renaud saisit le petit coffre à coins dorés et se précipita vers l'escalier. Je me souviens qu'elle ne m'adressa pas même un remerciement ; c'était une fille cruellement ingrate. Cependant, ces différentes scènes avaient fortement surexcité mes nerfs, et je commençais à aspirer au moment où je m'endormirais à côté de ma chère Lorenza. Je m'approchais d'elle pour lui demander si elle n'avait pas sommeil, lorsque quelqu'un me demanda :

— Monsieur, ne me ferez-vous pas l'honneur de me dire quelque chose sur mon compte ?

J'avais oublié le bonhomme à l'air grave qui m'avait un peu intrigué pendant le souper. Il était longtemps resté dans un coin ; il venait d'en sortir.

— Non, monsieur, répondis-je.

— Et la raison, s'il vous plaît ?

— C'est que je crois qu'il n'y a pas grand'chose à dire de votre personne.

— Vous me flattez, reprit-il avec un léger rire, car j'estime le silence à l'égal d'une louange ; mais n'êtes-vous pas curieux de savoir mon opinion sur vous ? Vous êtes un pontife et un chevalier d'industrie, un mage et un charlatan, un philosophe et un escamoteur. Pas de principes, des appétits. Un grand homme peut-être, un enfant à coup sûr. Des facultés prodigieuses, auxquelles vous donnez un emploi bon ou mauvais, suivant le temps et votre caprice. Plus de résolution que de volonté. Une habileté inouïe à profiter de tous les hasards de la vie, et la faculté de donner aux gens du cuivre en leur persuadant que c'est de l'or. Une séduction naturelle si puissante que vous y cédez vous-même et que vous n'êtes pas éloigné de croire en vous. Mille contradictions que vous accordez ; des passions ardentes et une insouciance complète. Vous adorez votre femme et vous la trompez ; vous permettez même qu'elle vous trompe. Vous inspirez à la fois l'enthousiasme et la répulsion. On vous adore, on vous abhorre. Et ce n'est là que ce que tout le monde voit. Il y a derrière vous — vous n'avez pas menti — quelque chose d'énorme et de noir qui s'agite, une effrayante araignée dont vous êtes une des pattes. Je crois que je sais ce que c'est. Dieu vous pardonne, monsieur Joseph Balsamo ! vous ferez perdre la tête à beaucoup de gens, mais vous périrez plus misérablement que vos victimes.

Je me souviens que je pensai d'abord à me mettre en colère. Je n'y pus réussir. Cet étrange personnage avait une façon de parler qui imposait je ne sais quel respect ; je me bornai à lui demander, en baissant un peu la tête, et en essayant de sourire :

— Qui êtes-vous donc, monsieur ?

Il prit son chapeau, qui était sur une chaise, et se disposa à partir.

— Monsieur le comte, dit-il, je suis votre serviteur ; vous voyez en moi un humble ministre de l'évangile ; je demeure à Zurich, en Suisse, et je m'appelle Gaspard Lavater.

IV
Histoire d'une sultane, d'un grand-prêtre, et d'une jolie sorcière appelée O'Silva.

Un matin, j'entrai dans la chambre de ma femme, et j'avoue que ce jour-là j'étais d'humeur maussade. Avais-je quelque sujet de mécontentement ? Personne ne se fût avisé de le croire. Ma réputation était à son apogée ; après maints voyages où ma gloire avait acquis un nouveau lustre, après avoir séjourné à Strasbourg où je guéris mille malades et soulageai mille infortunes, j'étais rentré à Paris, et j'y triomphais depuis deux années. J'avais une cour composée non pas seulement d'adorateurs, mais de fanatiques. Ce qu'ils racontaient de moi me faisait pâlir, et je ne pouvais me décider à les croire, en dépit de leur sincérité. Le prince de Rohan, grand aumônier du roi, évêque et cardinal, ne connaissait qu'un être infaillible au monde, moi ! Sur la cheminée principale de son appartement figurait mon buste avec cette inscription en lettres d'or :

DIVO CAGLIOSTRO

De l'ami des humains reconnaissez les traits ;

Tous ses jours sont marqués par de nouveaux bienfaits ;

Il prolonge la vie, il secourt l'indigence ;

Le plaisir d'être utile est seul sa récompense.

Les vers eussent pu être meilleurs, mais le cardinal, ayant quatre cent cinquante mille livres de revenu, n'avait que faire d'être bon poète. Chaque fois qu'il me rencontrait, il ployait le genou devant moi, et ne se relevait que quand je lui avais donné ma main à baiser ; j'avouerai qu'il ne me déplaisait pas de voir à mes pieds la pourpre romaine. Au surplus, je l'estimais fort, ce prélat, quoique des impertinents aient prétendu le donner pour un personnage d'une extrême crédulité et d'une intelligence facile à surprendre. Il distinguait fort adroitement la part de vérité qu'il y avait dans mes prestiges. Qu'il ait été la dupe de Mlle de Valois, je ne saurais y contredire ; mais la mienne, non pas ; on le verra bien par la suite. Quoi qu'il en soit, Paris m'appartenait déjà, et Lorenza, dont la beauté grandissait en même temps que ma fortune, m'appartenait encore. Cette ville illustre et cette jolie femme, il y avait de quoi être satisfait. J'étais pourtant, ce matin-là, parfaitement maussade.

Lorenza, qui était couchée sur un sopha, me jeta au nez l'une de ses mules, et la vue de son petit pied nu ne réussit même pas à me faire sourire.

— Quel air boudeur ! dit-elle avec son beau rire d'enfant. Est-ce le moment d'être morose, le jour où ta femme va être élevée à la plus haute dignité de la terre ?

— Oui, tu seras ce soir Grande Maîtresse de la loge d'Isis. Puisque tu as l'air d'une déesse descendue sur la terre pour y demander des autels, il fallait bien qu'on t'en élevât. Mais, précisément, il y a dans la cérémonie d'intronisation des détails qui m'affligent.

— Et lesquels, mon Joseph ?

— Ta robe de grande-maîtresse doit s'écarter à un moment donné…

— Eh bien ?

— Je suis jaloux, Lorenza.

— Bon ! tu plaisantes ! Tu sais bien, bête, qu'il n'y aura ce soir, à la loge, que les initiés et toi.

— Il est vrai. J'ai peut-être quelque autre sujet de souci. Nous en reparlerons, laissons cela. Ah ! ah ! voici une gazette de Hollande qui traîne sur le tapis. T'es-tu fait raconter l'histoire de la sultane Myria ? Il n'y a rien de plus divertissant, et j'ai bonne envie de te la lire.

Je m'assis près de Lorenza, je ramassai la gazette, sans qu'elle répondît, et je me mis à lire à haute voix :

— « Il était une fois un calife bien portant qui gouvernait ses peuples à la bonne franquette, pas méchant, point bruyant, et ne demandant qu'une chose au monde, c'est qu'on le laissât fabriquer des cages à hannetons, dont il était fort curieux… »

— Ma foi dit ma belle Lorenza, en mordillant les plumes de cygne d'un éventail peint par Adélaïde Ouyard, ton conte commence agréablement ; continue, Joseph.

— « Ce bonhomme de calife ne voulait donc que la félicité de ses peuples, à la condition, s'entend, qu'il ne fût point obligé d'y veiller de trop près, et qu'on ne le chicanât point sur ses manies innocentes. (Il avait des cages à hommes pour ceux qui blâmaient ses cages à hannetons.) N'étant encore qu'héritier présomptif de la couronne de Perse, il avait donné une belle preuve de sa longanimité en épousant, sans la connaître, la première princesse qu'on lui avait offerte. Par bonheur, lorsqu'il prit le temps de la regarder, il se trouva que c'était la plus belle sultane de la terre.

« On l'appelait Myria, à cause de sa fière prestance, de son corsage splendide, de ses beaux yeux souverains et de son éblouissante blancheur ; toutes qualités exprimées par ce nom de Myria qu'on réserve aux divinités, et dont le sens peut se traduire par « dix mille perfections ».

« Myria ne tarda pas à donner a son époux une jolie petite fille, et le bon roi, qui n'espérait pas se voir à pareille fête, car il n'avait jamais eu d'enfants, même avant son mariage, voulut faire présent à sa femme d'un collier de diamants d'une magnificence telle que la sultane en demeura éblouie. Mais cette merveille était chère et les finances de l'État étaient si obérées ! Myria crut devoir montrer une grandeur d'âme inusitée, et refusa cette parure, en déclarant qu'il valait mieux acheter un vaisseau à l'État avec la somme que les pierreries auraient coûtée. Une si noble réponse rendit la sultane très populaire, et les poètes du temps, car cette engeance pullule partout, déclarèrent que le collier ne valait pas la place qu'il aurait cachée… »

— On dit cela, interrompit Lorenza, mais les diamants sont faits pour ne rien gâter. Enfin, il faut bien se résigner, puisque les contes orientaux sont à la mode. Après ?

— « Après la petite fille, continuai-je de lire, vint un petit garçon, et les réjouissances furent au-delà de ce que vous pouvez imaginer. Le roi revint à la charge ; le précieux collier, qui valait deux millions de tomans, — un peu plus, un peu moins (je ne l'ai point soupesé, et Dieu sait si je m'en soucie), — fut derechef mis en avant. Mais en vain. Ce nouvel acte de désintéressement causa dans le pays un tel enthousiasme que la sultane commença à mourir d'envie d'avoir ce collier qu'elle passait son temps à refuser.

« Les joailliers de la cour, qui étaient d'habiles gens, apportaient de temps à autre dans leur manche la miraculeuse parure ; ils la faisaient reluire aux yeux de Myria comme un miroir à prendre les alouettes. La vue n'en coûtait rien. Or, le bruit se répandit tout à coup que la princesse de Trébizonde, — à moins que ce ne fût la reine de Portugal, — marchandait le collier qu'elle voulait enlever à la Perse.

« Vous pensez que cette nouvelle ne fut pas pour plaire à Myria et qu'elle irrita fort son désir.

« Il y avait alors à Ispahan un illustre gentilhomme, grand-prêtre du dieu de l'endroit, — grand-prêtre galant, s'il en fut, et que je crois proche parent de celui qu'on força à lécher une écumoire.

« Le nôtre était éperdument épris de la belle Myria qu'il avait connue toute jeune dans une cour étrangère, et qui, autrefois, lui avait fait accueil. Mais il était tombé depuis dans la disgrâce de la souveraine, à cause de certaines indiscrétions que ne doit pas se permettre un homme bien élevé.

« Il désespérait de reconquérir son ancienne faveur, lorsqu'un hasard assez doux lui fit faire la connaissance d'une jolie sorcière, nommée O'Silva, laquelle approchait facilement de la sultane. »

— Est-elle de nos Trente-Six, ta sorcière ? me demanda Lorenza.

— Peut-être, ma belle curieuse, répondis-je un peu étonné de la perspicacité de ma femme ; mais ne m'interromps pas davantage, ou l'histoire ne finira jamais.

« O'Silva, fort habile à tirer les cartes, y lut l'horoscope du grand-prêtre, et lui déclara qu'il ne rentrerait en faveur auprès de la sultane qu'en lui offrant le bijou merveilleux ; la sorcière ajouta qu'elle se chargerait volontiers, — uniquement par tendresse pour monseigneur, — de porter le présent. Un cœur bien épris n'hésite point en pareille circonstance. Le grand-prêtre n'avait pas l'argent nécessaire à l'achat du riche collier ; mais, quoique compromis dans d'assez méchantes affaires, il avait du crédit, et il acheta aux joailliers le talisman qui devait lui procurer l'inestimable joie d'être aimé de Myria. »

— Et qu'est-il résulté de tout cela ? dit ma femme.

— Je te ferai remarquer, repris-je, que je lis ce conte dans la *Gazette de Hollande*, et que cette gazette a l'habitude de couper ses histoires en morceaux et de les interrompre au plus beau moment. Je tourne la page, et je lis : « *La suite au prochain ordinaire.* » Je ne puis donc continuer.

— Donne-moi le journal, fit Lorenza avec un peu de méfiance.

— Hé ! tu ne sais pas lire, chère Italienne que tu es !

— Hum fit-elle. Et si je te demandais la suite de l'aventure, à toi, mon ami ? Ton état est de tout savoir, et tu es pour moi la meilleure des gazettes.

— Je craindrais de me tromper, répondis-je ; car, s'il faut te l'avouer, je n'ai pas grande confiance dans cette jolie sorcière qui mène le grand-prêtre par le bout du nez. Elle est trop ambitieuse pour son compte, et dépasse la limite des rôles qu'on lui confie. Le grand-prêtre me paraît soucieux depuis quelques jours et n'a plus la même allure. Je crains fort qu'elle ne lui en ait fait accroire, et il se pourrait bien que, loin de remettre le collier à Myria, elle l'eût gardé pour elle-même.

— Voilà qui expliquerait, dit Lorenza, les tristesses du grand-prêtre.

— Ses tristesses seraient peu de chose. Mais il ne tardera pas à concevoir des soupçons. Les petits billets de remerciement qu'on lui transmet commencent à ne plus lui suffire, et, n'obtenant aucune faveur certaine de la sultane, il se lasse de méditer sur ces jolis vers de Molière, que les Français ont grand tort de trouver si mauvais :

Belle Philis, on désespère

Alors qu'on espère toujours !

— De sorte ? interrogea Lorenza.

— De sorte qu'il brusquera sans doute les choses, si bien que les stratagèmes d'O'Silva seront découverts, et que l'innocence de la sultane sautera aux yeux.

— Ce qui ne doit pas être, apparemment ?

— Ce qui ne doit pas être, répétai-je gravement.

Et, après un silence, je repris d'un air profond :

— Il faudrait que O'Silva poussât la sultane à quelque démarche véritablement compromettante.

— Cela est aisé à dire, mon cher. Myria est peut-être vertueuse.

— Oui, mais le collier est resplendissant comme un ciel étoilé par une belle nuit ! Toi-même, Lorenza, tu résisterais avec peine à un tel éblouissement.

— Eh ! il ne s'agit pas de moi, répondit-elle. Tiens, laisse-moi te dire mon avis là-dessus : tu aurais cent fois mieux fait de ne point te mêler de ces intrigues dangereuses et de me donner le collier, tout simplement.

— Qui sait, lui dis-je, si tu ne l'auras pas quelque jour ?

Au même instant, on nous annonça une visite. C'était S. E. le prince de Rohan, qui ne passait jamais une journée sans me voir. Je me levai avec un air de condoléance approprié à ses mélancolies, car il était fort sombre depuis quelque temps. Sangodemi ! je vis entrer le prince en lévite courte, la lèvre allumée, l'œil émerillonné, le visage épanoui, fier comme Artaban, pareil à Malborough partant en guerre. Sa joie était telle qu'il en perdait le respect. Il oublia de me baiser la main et ne put que s'écrier :

— Ah ! mon cher maître !

Lorenza vit qu'elle nous gênait et disparut en nous faisant l'aumône d'un sourire. Alors, je considérai tout à mon aise le prince extasié et je lui demandai :

— Qu'y a-t-il, Monseigneur ?

— Il y a, répondit-il, que tout est oublié et que je suis le plus heureux des hommes !

— Qui vous l'a dit ?

— Comment, qui me l'a dit ?

— Oui, la comtesse ou la « personne » elle-même ? O'Silva ou Myria ?

— J'ai mieux que des paroles. Vous savez, mon divin Cagliostro, que je n'ai pas de secrets pour vous ; vous êtes mon père, mon maître, mon oracle et mon Dieu, — la Trinité réservée. Eh bien ! voyez.

Il me tendait une petite boîte ornée de diamants, en forme de médaillon, qui me parut humide des baisers dont on l'avait couverte. Je l'ouvris, et j'avoue que je demeurai interdit.

Sur des coussins écarlates, une femme était couchée, dans tout l'éclat d'une éblouissante nudité. La petitesse de l'image n'excluait pas le fini des détails, et la ressemblance des traits était telle qu'on ne pouvait méconnaître l'original d'un portrait aussi compromettant. Celle qui s'était fait peindre ainsi, c'était Myria !

On admettra que la joie du cardinal n'avait rien que de très légitime ; ce présent — Myria le lui avait envoyé par l'entremise d'O'Silva, — ne laissait aucun doute sur les intentions clémentes de la sultane. Pour ce qui est de moi, j'étais passablement étonné, et fort satisfait aussi. Celle que nous appelions O'Silva s'était conformée à mes instructions ; nous avions réussi au delà de nos espérances. Le baron de Weisshaupt serait content de moi.

Néanmoins, je n'étais pas aussi triomphant que j'aurais dû l'être, la jolie sorcière étant sujette à caution, et je ne sais quel soupçon me traversa l'esprit. Je regardai longuement l'aimable et téméraire portrait, afin de loger dans ma mémoire les moindres détails de la rare beauté qu'il offrait à mes yeux, prévoyant que ces souvenirs pourraient m'être utiles. Mais je me donnai bien garde d'inquiéter le moins du monde notre prélat, et il me quitta l'amour dans l'âme et l'ivresse au cœur.

D'ailleurs, je dus remettre au lendemain l'éclaircissement de cette affaire, — si fort qu'elle m'importât, — parce que nous avions, ma femme et moi, d'assez grands préparatifs à faire pour l'inauguration de la loge d'Isis, que nous devions ouvrir, le soir même, dans la rue Verte-Saint-Honoré. Cette solennité se lie si étroitement à l'histoire que je raconte qu'il m'est impossible de n'en pas dire quelques mots.

V
La loge d'Isis.

En ce temps là, les soixante-douze loges maçonniques de Paris révéraient en moi un Voyant dont elles avaient deviné la puissance ; elles sentaient que je recevais la lumière du foyer central et se soumettaient à mes décisions. Philippe d'Orléans, grand maître des nouveaux Templiers, ne faisait rien sans mon avis et sans celui du duc de Luxembourg, qui exerçait effectivement l'autorité dont Philippe n'était que le titulaire.

Appuyé que j'étais par les maçons d'Allemagne et d'Italie, j'obtins des maîtres de l'ordre l'autorisation de créer une loge androgyne, dans laquelle les deux sexes jouiraient de privilèges égaux. C'était sur ces bases que j'avais établi déjà, pendant mon séjour à Lyon, la MÈRE-LOGE ÉGYPTIENNE, sous le vocable de la *Sagesse Triomphante*. Je dois confesser que les Lyonnais se montrèrent effarouchés de cette innovation ; les pères, les frères, les maris scrupuleux voulurent connaître d'avance les cérémonies d'initiation auxquelles j'entendais soumettre les dames de la ville ; cette prétention me parut outrecuidante, et je la repoussai comme il convient. Au reste, je ne cherchai pas à faire des prosélytes, assuré que la valeur de mon idée suffirait à en assurer le succès. Si j'ai quelques doutes sur l'égalité que je voulais proclamer, ils sont tous en faveur des femmes, dont la supériorité me paraît incontestable ; elles l'emporteront toujours sur nous dans les questions de générosité, d'enthousiasme et de dévouement. Pour ce qui est de la puérile objection tirée de leur indiscrétion naturelle, il existe un moyen bien simple de les empêcher de trahir un secret maçonnique, c'est de n'en point avoir.

Paris me parut un centre admirablement préparé pour recevoir les fondements de la nouvelle Loge. Mais il fallait éviter de blesser l'opinion et de se heurter à la malignité française, qui a bientôt fait de vous tuer avec un vaudeville ou un couplet de chanson. Lorenza, sur mon conseil, annonça que le vénérable duc de Luxembourg, l'ayant instituée Grande-Maîtresse de la Règle d'Isis, qui comprend les trois degrés d'initiation : l'Apprentissage, le Compagnonnage et la Maîtrise, elle ouvrirait « un Temple » exclusivement réservé aux femmes. De peur d'effrayer les dames parisiennes, qui passent fort injustement pour un peu frivoles, elle se garda bien, dans la réunion préparatoire qui eut lieu chez moi, de révéler le but sublime et profond de la Loge, qui n'était autre, à proprement parler, que le salut de l'humanité par l'apostolat de la femme. Il s'agissait simplement, selon Lorenza, de préparer la régénération physique et morale du sexe féminin, au moyen de l'ACACIA, ou matière première, qui procure la longévité, la jeunesse et la santé ; et l'opération symbolique devait consister dans l'application du pentagone mystique, qui restituerait aux initiées l'innocence perdue par le péché originel — ou de toute autre façon. On pourrait supposer, si l'on était pourvu de quelque malice, que beaucoup de femmes éprouvaient le besoin de réparer des pertes de cette espèce, car plus de trois cents souscriptions nous furent adressées, bien que le prix de l'admission eût été fixé à cent louis ; j'avais élevé ce chiffre tout exprès pour décourager les bourgeoises et les robines. Trente-six solliciteuses seulement furent jugées dignes d'être admises à la Lumière, et je les triai sur le volet parmi les plus grands noms de France et les plus intelligentes femmes de la cour. Je ne pousserai pas la discrétion jusqu'à ne point citer, entre autres, Mme Charlotte de Polignac, les comtesses de Brienne et Dessalles, la marquise d'Havrincourt, Mmes de Brissac, de Choiseul, d'Espinchal, de Boursennes, de Trévières, de la Blache, de Montchenu, d'Ailly, d'Auvet, d'Évreux, d'Erbach, de la Fare, de Monteil, de Bréhan, de Bercy, de Baussin, de Genlis et de Loménie. Si j'ai gardé pour la fin le nom de la comtesse Jeanne de Valois, qui venait de faire reconnaître son royal apparentage, et dont la faveur était si grande, à ce qu'on racontait, qu'elle disposait des carrosses de la cour, c'est afin de dire qu'elle m'avait demandé un brevet d'admission pour une personne qui ne voulait être ni connue, ni nommée. Ce mystère pouvait être toléré par nos règlements et je me gardai bien d'en tirer aucune conséquence audacieuse.

Cependant l'heure marquée pour l'inauguration du Temple arriva.

On a répandu tant d'histoires mensongères sur cette réunion et sur les cérémonies d'initiation, empruntées au rite égyptien, que je crois devoir rétablir la vérité, offensée par l'ignorance et la malveillance.

Nos belles profanes s'étaient préparées par un jeûne peu sévère, mais régulier, et par des purifications personnelles ; pendant huit jours, elles durent se lever et se coucher avec le soleil, — cela dérangea quelque peu leurs habitudes, — et ce fut le sept août, à onze heures du soir, que Lorenza frappa d'un marteau d'or la porte du sanctuaire, qui s'écroula devant elle.

Les trente-six élues, après avoir été introduites par des spectres d'un aspect pacifique et d'une discrétion parfaite, furent distribuées par chambrées de six personnes ; on leur enjoignit de quitter leurs bouffantes, leurs soutiens, leurs corps, leurs faux chignons et ce qu'on appelait assez improprement leurs « culs ». Quand elles furent en chemise, elles revêtirent des lévites blanches de laine très fine, qui laissaient à découvert le cou et croisaient sur la poitrine. Ces habits, d'une simplicité gracieuse, étaient retenus par des ceintures de couleur différente, suivant la diversité des groupes. Il y eut six ceintures noires, six bleues, six coquelicot, six violettes, six roses et six *impossible*, du nom d'une couleur à la mode que je ne saurais désigner autrement. Les aspirantes avaient en outre les cheveux épars sur les épaules, sans poudre, retenus sur le front par une fontange de même nuance que la ceinture. Toutes étaient chaussées de mules et de bas de soie blanche, et leurs jarretières se nouaient au-dessus du genou. Enfin un grand voile couvrait leur tête et ne permettait pas de distinguer leurs traits. La division des groupes avait été faite d'après le désir des disciples, de façon à grouper les personnes que réunissaient d'ordinaire des raisons de convenance ou de sympathie.

Il n'entrait pas dans mes idées de faire subir à ces grandes dames, la plupart fort belles et un peu sceptiques, des épreuves terrifiantes, bonnes tout au plus à émouvoir les esprits vulgaires. Pourtant, il fallait les intéresser et frapper leur imagination ; elles seraient évidemment parties mécontentes, si elles n'avaient pas eu peur.

On les conduisit vers de larges fauteuils, en les engageant à s'y asseoir et à garder le silence. Une musique céleste se fit entendre ; des nuages odorants s'élevèrent dans les airs. Les parfums ont toujours joué un grand rôle dans les initiations, car ils prédisposent admirablement l'esprit aux choses merveilleuses. Une chaîne d'acier, de main en main, relia les assistantes, et il leur fut enjoint de la serrer très fort et de ne la quitter sous aucun prétexte. Cette chaîne, chargée d'effluves magnétiques, développa rapidement en elles une tension nerveuse, qui ne laissait pas d'avoir quelque chose d'agréable. Les lampes dont s'éclairait la cérémonie parurent s'éteindre peu à peu, et un point lumineux d'une grande intensité s'ébaucha au-dessus d'une sorte d'autel de marbre blanc qui occupait la partie la plus reculée du temple. Tous les yeux se fixèrent sur cette clarté qui projetait l'éblouissement. En même temps, de hautes figures pâles apparurent dans les nuages de fumée qui montaient aux voûtes, figures insaisissables flottant dans les airs comme des visions douteuses, mais dont on distinguait les gracieux contours et les formes féminines.

La musique se tut ; le point lumineux grandit, s'élargit et devint comme une gloire céleste, au milieu de laquelle le Grand-Cophte apparut — le Grand-Cophte, c'était moi — en magnifiques habits resplendissants de pierreries.

Je dis alors la misère du peuple, l'insouciance des riches, le désordre des cours ; j'annonçai que les temps étaient proches ; je prédis le déluge, le cataclysme, la catastrophe qui allait emporter le vieux monde, — et le bruit des respirations haletantes de mon aimable auditoire arrivait jusqu'à moi.

Soudain, un écroulement subit, les trompettes du jugement dernier, des cris déchirants, des sifflements aigus, des grondement d'orage et les éclats de la foudre ! tout cela résonne, retentit et se croise au-dessus des têtes épouvantées. La clarté s'efface ; l'obscurité ajoute son horreur à ce fracas surhumain ; la chaîne d'acier vibre et jette des étincelles ; des flammes circulent dans les airs ; les néophytes éperdues se réunissent en essaims et poussent de longs gémissements...

Au bout d'un moment tout s'apaise, la lumière renaît et se projette sur une figure divine, debout sur l'autel de marbre blanc.

Elle est vêtue d'une robe de laine, mais cette robe, ouverte des pieds à la tête, laisse apercevoir une jeune déesse qui porte, attaché à la cuisse gauche, un large ruban de feu orné du monogramme d'Isis. Elle est sculpturale dans sa beauté superbe ; sa fière nudité soulève de longs murmures d'admiration. Je descends de ma gloire, m'agenouille devant la Grande-Maîtresse, et, relevé, je baise son pied blanc qu'elle retire pour l'appuyer doucement sur ma tête.

Je disparais. Un rugissement d'orgue, suivi d'une symphonie douce et pénétrante, annonce que la cérémonie de l'Initiation commence.

Chaque groupe s'avance à son tour et se place, sur un rang, en face de Lorenza, qui s'incline lentement et dont la robe s'est refermée.

Les six néophytes découvrent leur sein gauche et tendent la main. La Grande-Maîtresse leur dicte le serment qui les engage, et sur leur réponse : « Je le jure ! » leur remet la « pièce magique » où le pentagramme est tracé. De ses doigts elle donne l'onction cruciale à chaque sein découvert, et elle baise l'une des initiées sur les lèvres. Celle-ci rend le baiser à toutes les sœurs présentes, en leur confiant à voix basse le mot de reconnaissance qu'on vient de lui apprendre.

Une dernière cérémonie reste à accomplir. Lorenza prend sur l'autel une corbeille d'or, remplie de rubans de couleur éclatante. Elle s'assied sur un trépied de bronze, et les néophytes viennent devant elle l'une après l'autre, entr'ouvrant leurs robes flottantes pour recevoir l'écharpe d'Isis. Lorenza l'attache à leur cuisse gauche, — accordant des dispenses aux initiées que des raisons sociales empêcheront de porter ce glorieux insigne. Tout cela se fait dans le crépuscule, dans l'harmonie et les parfums, avec un respect religieux et un recueillement profond ; car, sous l'empire d'une exaltation factice, ces têtes étourdies et coquettes ont compris qu'il y avait au fond de ces rites un but élevé, une grande idée, un vœu de régénération sociale, supérieur aux puérilités des dogmes de la magie.

Cependant, caché sous les plis d'un rideau, derrière Lorenza, dans un endroit obscur d'où je puis tout observer, je regarde.

Le groupe noir s'avance le dernier ; c'est celui où s'est mêlée l'adepte inconnue. En dépit des voiles épais dont elle s'enveloppe, je reconnais d'abord la comtesse de Valois à sa taille, à sa jambe élégante et à son petit pied. Mais la personne qui la suit la dépasse presque de la tête ; elle a la majesté et l'ondulation du cygne, bien que sa démarche soit un peu embarrassée. On sent qu'elle est en proie à une vive émotion. Ses compagnes la soutiennent doucement avec une sorte de respect, et semblent l'encourager. Elle reçoit le ruban d'Isis, et je pâlis, et je me sens devenir fou devant la blancheur neigeuse et la splendeur magistrale de ses formes. J'ai reconnu, oui, j'ai reconnu l'original du portrait que m'a montré le cardinal de Rohan ! Quoi ! il serait possible que Myria… Mais soudain, un coup de gong retentit, remplissant la nef de vibrations métalliques. Lorenza se lève, frissonnante comme une pythonisse, étend la main sur les fronts qui se courbent devant elle, et crie : « Allez en paix, femmes, et faites des hommes ! » Au même instant, le Temple se remplit de lumière ; une marche guerrière se fait entendre, et les groupes se dispersent dans les appartements d'où ils sont sortis.

Voilà, je le dis hautement, tout ce qui s'est passé dans la loge de la rue Verte le jour de l'ouverture. Les mêmes cérémonies ont été répétées, avec de légères variantes, à l'occasion de nouvelles initiations. Je proteste, avec toute l'indignation d'un cœur honnête, contre les libelles et les pamphlets qui ont essayé de déshonorer une noble idée, une sublime création. On m'a accusé d'avoir convoqué à ces solennités « les amants de ces dames ! » Voilà qui est tout à fait impertinent. Si l'on poussait l'audace jusqu'à prêter à l'une de nos initiées quelque faiblesse de cœur, — Dieu me garde d'une telle pensée ! — on ne saurait raisonnablement admettre qu'elle eût voulu donner audience à un adorateur devant tant de témoins ; et, quant à supposer qu'il y eût des hommes déguisés parmi les néophytes, cela serait parfaitement absurde, après ce que j'ai dit du costume obligatoire. Lorenza ne s'y fût pas trompée. On m'a reproché, avec plus de justice, il est vrai, d'avoir assisté, en tant que Grand-Cophte, à cette solennité. J'ai avoué cette présence. Mais je me suis toujours dissimulé suffisamment pour ne causer aucun embarras aux initiées, et les secrets de beauté qu'elles m'ont révélés sont restés entre Dieu et moi.

VI
Où la sorcière donne du souci au magicien.

Lorenza ne fut pas peu étonnée de me trouver en proie à des préoccupations profondes, après une inauguration qui ne pouvait manquer de nous faire beaucoup d'honneur. Le nom de Grand-Cophte allait devenir aussi respectable que celui de Pape, et il n'y aurait dans mon église ni protestants, ni dissidents, ni athées. Le moyen de ne pas accepter une religion qui comptait de si aimables dévotes.

Une autre chose aurait dû me satisfaire, c'est que nos entreprises, en ce qui concernait la sultane Myria, avaient singulièrement réussi. J'espérais qu'une voix, venant d'Allemagne, ne tarderait pas à me dire : « C'est bien. » Mais nous avions été servis par des *hasards* qui ne laissaient pas que d'être obscurs à mes propres yeux, et, à cause de cette obscurité, je n'étais pas sans inquiétude.

Certainement, la belle et majestueuse créature qui était venue dans la loge d'Isis recevoir le baiser de paix de l'Illuminisme était bien l'original du portrait que m'avait montré l'indiscret cardinal, et ce portrait, c'était bien celui de la sultane. Pourtant cela me paraissait impossible. Ma raison se révoltait contre cette réalité.

Je savais quel était le caractère frivole de Myria ; je savais qu'elle ne répugnait pas à certaines extravagances, et même qu'elle en était arrivée, par plus d'une maladresse, à changer en défiance l'amour le plus sincère que jamais princesse eût inspiré à son peuple. « Si les pauvres n'ont pas de pain, qu'ils mangent de la brioche ! » avait dit, dans un accès de rire, une favorite étourdie ; et Myria, ayant touché de ses lèvres les lèvres qui avaient proféré cette parole, avait pris dans ce baiser la moitié du blasphème. Elle comptait des ennemis, même parmi les courtisans agenouillés à ses pieds. Si la naissance d'un enfant royal fut saluée d'une insulte, elle le dut à un prince assis auprès d'elle sur les marches du trône : « Jamais, s'était-il écrié, je n'obéirai au fils de Coigny ! » Le peuple écoutait d'en bas, et il s'étonnait de voir ses dieux jouer à se couvrir de boue, comme les chiffonniers des carrefours.

Néanmoins, j'hésitais à croire que Myria, si imprudente qu'elle fût, eût perdu toute retenue et toute pudeur ; et, par moments, je récusais le témoignage de mes yeux.

Je dormis mal et sortis de bonne heure de mon lit, avec l'intention d'aller faire visite à Mme de Lamotte-Valois, qui savait tout, évidemment.

La comtesse, à ce que me dit un heiduque fort proprement empanaché, avait couché à Versailles, au Château, et ne faisait que d'en arriver.

Sa faveur grandissait chaque jour. Elle n'épargnait rien, d'ailleurs, pour le proclamer, et ne parlait guère à ses amis que de son intimité croissante avec la sultane. Ce qu'on ne pouvait nier, c'est qu'elle avait été reçue par Mesdames ; et, depuis que ses titres de noblesse avaient été certifiés par d'Hozier de Sérigny, elle avait ses petites entrées à Trianon. Sa pétulance, sa mignardise, sa façon d'être insolente, ses gaîtés un peu nerveuses divertissaient les hauts seigneurs ; elle passait pour une petite mignonne «amusante et sans conséquence » ; personne ne se fût avisé d'en prendre ombrage. Seul, je m'en défiais, et au fond je ne l'aimais guère, peut-être parce que ma magie, qui l'avait si fort émue dans l'auberge de Merspurg, perdait chaque jour un peu de son influence sur cette petite tête non moins obstinée et impérieuse que charmante. Quand la comtesse voulait quelque chose, elle le voulait bien, et, s'il lui convenait de se taire, il était malaisé de la faire parler. C'est à quoi je songeais en entrant dans son salon.

Je la trouvai négligemment couchée sur un sopha, et occupée à « parfiler », ce qui était alors un divertissement à la mode, bien qu'il déplût aux visiteurs qui tenaient aux galons de leurs habits.

A ma vue, elle brandit ses petits ciseaux dorés, et je vis que je ne m'en tirerais pas sans quelque dommage.

Devant elle, sur un « bonheur du jour », étaient dispersés des chiffons et des papiers, où je remarquai un petit billet qui ne me parut pas placé en cet endroit pour rester inaperçu. Comme j'ai la vue excellente, je parvins, en prolongeant un peu la courtoisie de mon salut, il lire cette ligne *A ma cousine de Valois*. Fort bien. Voilà qui devait imposer du respect aux imbéciles et même à quelques gens d'esprit. Je me hâtai de dire à la belle Jeanne quelques galanteries de bon goût sur la fraîcheur de son teint, et je lui demandai des nouvelles de son mari, une espèce de grand gendarme plein de bonne volonté, qu'elle avait épousé on ne savait trop pourquoi. « Pour goûter de l'adultère », disaient les méchantes langues.

— Mon cher comte, fit la belle Jeanne, vous vous souciez de mon mari à peu près autant que moi-même ; parlons de choses sérieuses. Que me voulez-vous ?

— Ne le savez-vous pas ?

— Vous me jugez trop subtile.

— Eh bien… en toute franchise…

— En toute franchise ?

— Oui.

— Vous allez mentir. Dites toujours.

— Eh bien, je voudrais savoir, belle Jeanne, si nous ne jouons pas un peu la comédie ?

— Si nous la jouons, n'est-ce pas vous qui avez fait la pièce ?

— En partie. Mais vous êtes femme à apporter plus d'un changement à votre rôle. Êtes-vous certaine que vous ne vous moquez pas de notre excellent prince, et de moi par dessus le marché ?

— Pour ce qui est du prince, avouez qu'il mérite qu'on se gausse de lui. Outre qu'il y a quelque chose de plaisant dans sa passion pour la reine, n'ai-je pas lieu de me plaindre du peu de cas qu'il fait de moi ? Je pense que ma personne, quoique un peu *incomplète*, vaut bien un hommage à moi seule adressé, et cela m'ennuie de changer de nom après les lumières éteintes. Quant à me moquer de vous, vous n'y songez pas, mon cher comte. Je n'ai garde de me frotter à un sorcier de votre force.

— Ainsi, vous ne voulez rien me dire ?

— Que vous dirai-je que vous n'ayez vu hier dans une carafe ou lu ce matin dans les yeux de Lorenza ? Je suppose que vous raillez.

— Comtesse, prenez garde ! Un premier succès vous donne beaucoup d'audace, et vous avez tort de ne pas rester mon amie.

— Vous aimez trop votre femme pour avoir besoin d'amies. D'ailleurs, de quoi vous plaignez-vous ? Ne vous ai-je pas bien servi ? Tout ne va-t-il pas à votre souhait ?

— Peut-être. Mais je n'aime pas les réussites qui m'étonnent. Tenez, mettez-moi au courant. Quelques mots seulement, ne fût-ce qu'à l'oreille, mignonne ?

A ce mot familier, qui lui remit probablement en mémoire des complicités oubliées, Jeanne eut une rougeur, puis un sourire.

— Bon ! dit-elle, penchez-vous.

Je m'inclinai ingénument. Elle coupa de ses petits ciseaux une demi-aune du galon d'or de mon habit, et le jeta dans sa corbeille à parfilage.

— Voilà ce qu'on gagne, dit-elle, à tourmenter les femmes.

Je pris congé d'elle, assez mal satisfait, sachant que je n'obtiendrais rien de plus. Quant à mon galon, bien qu'il pût valoir une dizaine de louis, je m'en souciais peu. Ce petit pillage était usité chez les gens du meilleur ton, et l'on risquait moins à traverser la forêt de Bondy qu'à faire des visites d'après-midi chez les jolies parfileuses. Ce qui me parut certain, c'est que la comtesse, tout en aidant à l'entreprise convenue, intriguait aussi pour son propre compte. Comment osait-elle se séparer d'alliés tels que nous dans une affaire aussi redoutable ? Cela n'était explicable que par un excès de cette audace féminine qui ne recule devant rien et arrache au besoin leur proie aux lions affamés. Quoiqu'il en fût, j'aurais voulu savoir où était le collier, d'autant plus que Lorenza était fort désireuse de le voir. Poussé par un vague pressentiment, je me fis conduire à Versailles, et je me dirigeai à pied du côté de Trianon. J'admirai l'élégance de ses arbres et de ses bocages mystérieux. Je méditai sur cette décadence rapide de la majesté souveraine qui, après s'être dressée à Versailles et au Louvre dans sa pompe hautaine, était tombée de jardin en jardinet, de parc en bosquet, de palais en petite maison. Catherine de Médicis finissait en bergère de Watteau.

Tout à coup, un tumulte, des cris, des « Noël ! » un roulement de carrosses, de lourdes grilles roulant sur leurs gonds, pendant que les tambours battent aux champs et que les sentinelles présentent les armes ! Myria-Antoinette d'Autriche, reine de France, revenait de la promenade, et son équipage entrait dans la cour pavée. J'y pénétrai à la suite de ses gens et me tins à respectueuse distance.

Non, non ! il ne m'était pas possible d'en douter : *c'était bien elle !* J'avais cent fois éprouvé la justesse de mon regard dans de pareilles observations, et, si l'on veut se souvenir de mes erreurs de jeunesse, on m'accordera quelque connaissance des femmes. Peu de gens savent déshabiller ces adorables poupées aussi sûrement que moi. Véritablement, je ne m'y trompe guère. D'ailleurs, je l'avouerai irrévérencieusement, je fus cruel et impudent dans mon investigation. Mon regard dissipa les vêtements blancs, flottants et légers, dont s'entourait cette déesse de la terre ; sa beauté, sous ces tissus, m'apparut sans voile et dans toute sa splendeur. C'étaient bien les formes superbes, les souplesses et les rondeurs qu'on n'avait pas craint de fixer sur l'ivoire. Les ondulations de la démarche, la mollesse des mouvements décelaient cette plénitude de contours harmonieux dont la perfection fait oublier l'attrait des beautés juvéniles. Ce genou qui se moulait dans l'étoffe m'avait été dévoilé, dans sa blancheur immaculée, à l'initiation d'Isis : — et ce qui me troublait le plus, ce qu'il faut pourtant que je dise, c'est que j'étais sûr, pour l'avoir bien regardé, que *le médaillon du prince Louis n'avait pas été fait sans modèle.*

Ainsi, la partie était gagnée. Restait à connaître le but poursuivi par la petite comtesse, que la situation obligeait à traiter avec ménagement. Lorenza avait souvent eu à cet égard des idées étranges, que j'avais volées à son sommeil. Une fois, nous avions couché à Versailles, chez la belle Jeanne, qui avait un pied à terre près du Château ; on nous donna un lit où la comtesse avait dormi la nuit précédente. La sensibilité des nerfs de ma femme était si parfaite qu'elle se sentit fort troublée en se plaçant entre les draps où avait reposé notre amie. J'essayai de calmer son agitation ; elle me parla, les yeux fermés ; elle voyait en songe Jeanne découronner Myria, et revêtir la pourpre royale !... — Je n'osai pas prolonger cette expérience qui m'effraya un peu. D'ailleurs, dans de pareilles circonstances, Lorenza me procurait des distractions naturelles ; comme, pour l'interroger, j'étais obligé de projeter mon regard au creux de sa poitrine, je ne pouvais m'empêcher de regarder à côté, ce qui la réveillait et lui faisait dire en riant : « Mais ne pense donc pas à deux choses à la fois ! »

Cependant, j'étais reparti pour Paris à grandes guides, et j'y trouvai Lorenza fort inquiète de moi. Le prince Louis était venu et m'attendait.

— Je serai premier ministre avant un mois ! me dit-il, plus rayonnant encore que de coutume.

Il ne m'appartenait pas de lui insinuer le contraire ; je le laissai avec ma femme, et me retirai dans mon cabinet pour écrire au baron de Weisshaupt.

J'étais occupé à annoncer notre triomphe au chef des Aréopagistes, quand on m'annonça le père Loth, religieux minime que j'avais rencontré deux ou trois fois chez madame de Valois. C'était un gros moine, fort bon enfant, lourd, mais d'un esprit assez délié, qui avait obtenu de prêcher devant le roi, par la protection du grand aumônier de France. Je me souviens même, à cette occasion, que la comtesse l'avait désolé, en affirmant qu'il « prêchait comme une pantoufle ».

Le révérend père entra, s'assura par un coup d'œil que nous étions seuls, et me fit un signe maçonnique après lequel je lui tendis la main.

— On vous trompe, dit-il, et l'on trompe aussi le prince Louis.

Il ajouta :

— Prenez garde qu'une affaire de cette importance ne finisse par un étroit scandale, retombant sur vous, et qui ne vous serait d'aucun profit.

Il me fit un geste de discrétion et de fraternité, reprit l'allure pesante qu'il avait quittée en me parlant, et sortit.

Je courus retrouver Lorenza et le prince, qui parurent surpris de me voir revenir si vite.

— Prince, dis-je vivement, quels gages certains avez-vous de la faveur dont vous vous flattez ?

— Celui-ci d'abord, fit-il en portant la main au médaillon qu'il avait au cou.

— Ensuite ?

— Que vous dirai-je ? Des sourires, des signes imperceptibles auxquels les yeux ne se trompent pas.

— Peu de choses, répondis-je. Craignez les pièges et les erreurs. Vous savez que j'ai la prescience ; écoutez-moi. Vous demanderez à voir la personne.

— C'est une hardiesse inouïe !

— La fortune est aux audacieux. Il faut aussi qu'elle vous écrive. Exigez-le.

— J'obéirai, cher comte.

— Que ce conseil reste entre nous !

— Je vous le promets.

Là-dessus le prince nous quitta, et je dis à ma femme :

Lorenza, sais-tu ce que je prévois ? c'est que notre petite comtesse va être bien embarrassée.

— Oh ! dit Lorenza, pourquoi ? Tu es bien étrange d'avoir une aussi bonne opinion des reines, toi qui connais si bien les femmes.

VII
D'un entretien que j'eus dans un carrosse avec le grand aumônier de France, et de la conclusion que j'en tirai.

Je sortais avec Lorenza de la loge d'Isis où nous venions d'initier trente-six nouvelles profanes. Ce qui m'avait le plus frappé, c'est la quantité singulière de belles personnes qu'il y a en France, et encore je n'avais pas pu en juger par leurs visages.

Sur plus de cent initiées, qui s'étaient associées à nos travaux, il aurait été impossible d'en citer quatre qui fussent mal faites. Peut-être les laides fuyaient-elles la Lumière.

En quittant le Temple, nous montâmes dans notre carrosse ; quelqu'un nous y avait devancés ; c'était le cardinal de Rohan. Autant que j'en pus juger à la clarté des lanternes, il était rayonnant en même temps que solennel, comme un homme qui vit en communauté avec quelque grand mystère. Il me baisa pieusement la main et salua Lorenza avec un embarras que je dissipai d'un mot.

— Elle ne nous entendra pas, fis-je, en posant le bout du doigt sur le front de ma femme.

— Eh bien, me dit le cardinal, pendant que le carrosse nous emportait, je vous ai obéi, et j'ai réussi.

— La personne... vous a écrit ?

— Elle m'a écrit. J'ai ses lettres.

— Prince, dis-je gravement, vous avez été choisi pour de grandes choses. J'en suis heureux, car je vous aime. Dans les événements qui se déroulent autour de vous, vous serez soutenu par une puissance inconnue. Ne lui résistez pas, et n'ayez jamais avec moi de fausses délicatesses. En tant que votre maître dans la Doctrine, je vous commande de me montrer les lettres que vous avez reçues.

— Il eut un instant d'hésitation, tira enfin d'un petit portefeuille rouge quelques billets qu'il me tendit. J'ordonnai à mon heiduque de faire arrêter la voiture et, m'approchant de la vitre, je dépliai les lettres.

L'écriture m'en était parfaitement connue ; le papier, la poudre, l'encre étaient bien ceux dont Myria usait ordinairement ; il n'y avait rien à reprendre à tout cela ; je n'eusse pas mieux fait moi-même. Néanmoins, ma défiance n'en fut pas diminuée. Au contraire. Ces billets étaient trop vrais.

Quelques-uns, insignifiants, avaient trait à des services rendus ; — celui-ci me parut important :

« *Le ministre* (c'était de cette façon que Myria avait coutume de désigner le sultan) *est en ce moment-ci dans mon appartement. J'ignore combien de temps il y restera. Vous connaissez la personne que je vous envoie. Confiez-lui la cassette et restez où vous êtes. Je ne désespère pas de vous voir aujourd'hui.* »

— Par qui ce billet vous a-t-il été remis ? dis-je au prince.

— Par M. Delesclaux, le valet de chambre de la reine.

— Où ?

— Chez Mme de Valois.

— Vous connaissez bien M. Delesclaux ?

— Sans doute, je l'ai vu plus de cent fois. Pourquoi me demandez-vous cela ?

— Parce qu'un collier de deux millions peut s'égarer. A votre place, j'aurais aimé à le remettre en mains propres.

— Le billet n'est-il pas suffisant ? D'ailleurs, j'ai été remercié le lendemain.

— Par qui ?

— Par la personne elle-même.

— Où donc ?

— Dans la galerie de l'Œil-de-Bœuf, en présence de toute la cour.

— Que vous a-t-elle dit ?

— Elle ne m'a rien dit ; elle passait. Mais elle m'a regardé et m'a souri.

— Vous n'avez pas la vue basse ?

— Non, certainement, s'écria le prince. Prenez-vous plaisir à me railler ?

— Je ne vous raille pas, mon cher fils. Ce que j'en dis est dans votre intérêt.

— Deux jours après, Bœhmer a écrit à la reine pour la remercier d'avoir accepté le collier.

— Et qu'a répondu la reine ?

— Rien.

— La lettre peut avoir été interceptée.

— Et le ciel peut tomber sur la terre, dit le cardinal, auquel cas nous serions tous écrasés. Si Bœhmer, joaillier de la cour, qui a ses libres entrées auprès de Sa Majesté, ne sait pas lui remettre une lettre, il n'y a rien de sûr au monde.

— En effet, Bœhmer n'est pas un sot, quoiqu'il ait épousé sa femme.

— C'est un rusé compère, je vous l'affirme. Quand il a dû réduire de deux cent mille livres le prix de ce maudit collier, j'ai cru qu'il en mourrait.

— Cette réduction, prince, n'est pas royale ?

— A qui le dites-vous ? Prenez-vous-en à la petite comtesse. La reine, disait-elle, se dégoûtait du collier, qu'elle n'osait porter, l'ayant refusé des mains de son époux. Elle en était excédée, elle le trouvait trop cher, elle offrait de le rendre…

— Êtes-vous bien sûr de ce dernier point ?

— Bœhmer est là pour l'affirmer, puisqu'il a préféré consentir à ce rabais énorme.

— Et, là-dessus, tout s'est arrangé ?

— Tout, sauf que le collier n'est pas payé.

— La reine a du temps devant elle, et vous êtes assez riche, cardinal, pour intervenir.

— Hum ! fit le prince Louis, les affaires de mon cousin de Guéméné ont fort dérangé les miennes.

— Vous avez des amis.

— Les amis qui prêtent un million sont rares.

— Un million ! Quelle bagatelle ! Ne suis-je pas là ?

— Vous, comte ?

— Moi-même. Nous causerons de ce détail quand il en sera temps.

— Eh bien, dit le prince, à qui les larmes montaient aux yeux, je ne veux rien vous cacher. Il y a une chose que je ne me croyais pas le droit de révéler. N'importe, ajouta-t-il, en ployant le genou, — et je pense qu'il se fût agenouillé si le carrosse n'eût été trop étroit, — n'importe, comte, vous saurez tout. La reine ne m'a pas seulement écrit ; elle m'a accordé sa divine présence.

Je regardai le cardinal. Il faisait la roue, les yeux baissés. Il me fit l'effet d'un paon et d'une oie à la fois. Je dois ajouter que cet air ne lui était pas ordinaire ; c'était un gentilhomme d'église de fort belle apparence.

Je repris :

— Vous avez vu la reine ?

— Je l'ai vue.

— De près ?

— De près. Je lui ai parlé.

— Quand ?

— Avant-hier.

— Pourquoi n'êtes-vous pas venu me le dire hier ?

— Parce que… hier… Je ne puis achever.

— Prince, dis-je, pendant que les chevaux se remettaient au trot, je vous jure qu'il y va de votre salut en ce monde. Me promettez-vous une entière et pleine franchise ?

— Oui.

— A quelle heure et dans quelles circonstances avez-vous vu la personne dont nous parlons ?

— Dans la nuit d'avant-hier, à Versailles. Voici ce qui s'est passé. Mme de Valois, que vous me semblez méconnaître, mon cher comte, m'avait prévenu que je recevrais ce soir-là la récompense de mon dévouement et de ma fidélité. Je suis entré, onze heures sonnantes, par la porte des Réservoirs et, passant sous bois, j'ai descendu le tapis vert pour pénétrer dans le bosquet de Vénus, où rendez-vous m'avait été donné. Le baron de Planta m'accompagnait ; je le priai de s'éloigner et restai seul. Tout à coup un domino parut ; c'était la petite comtesse. « Je sors de chez la reine, me dit-elle ; elle est très contrariée et ne pourra prolonger l'entretien aussi longtemps qu'elle l'eût désiré. Mme Élisabeth et Mme la comtesse d'Artois l'accompagnent. Pourtant, elle trouvera le moyen de s'échapper et de vous dire un mot. » Au bout d'un moment, je vis paraître une forme blanche et majestueuse qui s'avançait légèrement vers moi. Comte, c'était elle ! Je fléchis le genou en balbutiant des protestations d'amour et de respect. « Vous pouvez espérer, me dit une voix émue, que le passé sera oublié. » Et ma reine bien-aimée me tendit une rose, dont je m'emparai en baignant de larmes la main qui me la présentait.

— Comment était habillée Sa Majesté ? demandai-je.

— Ah ! je la vois encore ! Elle avait une longue robe blanche de linon moucheté, un mantelet blanc, et une thérèse qui me permit d'admirer le doux visage qu'elle inclinait vers moi.

— Il faisait bien nuit pour voir tant de choses, répondis-je. Enfin, mon cher prince, vous n'avez aucun doute sur la réalité de l'apparition ?

— Et la voix ? et la rose ? répondit-il. Je vous jure que c'est bien à ma souveraine adorée que j'ai parlé dans le bosquet de Vénus. Mes yeux et mes oreilles n'ont pu s'y tromper. Quels étranges soupçons avez-vous donc, comte ? Croyez-vous qu'il soit si facile d'entrer dans les résidences royales, où la surveillance la plus rigoureuse est exercée ? Si les barrières s'abaissent devant moi, si les gardes restent muets, c'est qu'on me sent protégé par une influence toute-puissante. Au surplus, puisque mon faible mérite et mon dévouement absolu ne vous expliquent pas tant d'indulgence, songez que

Joseph II arrive à Paris pour négocier l'emprunt refusé par Breteuil, et que le pouvoir de sa royale sœur n'aura pas de bornes quand nous serons au ministère.

— Ainsi soit-il, répondis-je ; mais vous me devez la fin de votre histoire.

Le prince continua :

— Je me relevais, quand la comtesse de Lamotte-Valois se rapprocha précipitamment de nous. «Venez, dit-elle à la reine, venez vite. Madame et Mme la comtesse d'Artois sont là.» La reine partit alors, non sans avoir appuyé sa blanche main sur mes lèvres.

— Et hier soir, cardinal, je parie que vous l'avez revue ?
— Je l'avoue, dit-il.
— De plus près ?
Le prince se leva en rougissant.
— Je vous crois trop bien élevé, comte, pour m'interroger davantage.
— A merveille, dis-je, je n'ignore plus rien de ce que je voulais savoir. Quand retrouverez-vous la personne ?
— Jeudi. Vous savez que c'est le jour de l'Assomption et que j'officie à Versailles.
— Dieu vous bénisse ! Je vous demande quand vous la retrouverez… en tête à tête ?
— Dans huit jours, ainsi que la comtesse me l'a promis.
— Non. Vous la verrez après-demain, ici, après la prochaine tenue de la loge d'Isis.
— Y pensez-vous ?
— Assurément. Et pour que vous n'en doutiez pas, je vous invite à souper avec elle.
Le prince, pour qui j'étais un oracle, n'osa pas répliquer ; moi-même je ne soufflai plus mot.
Le carrosse fit halte devant ma porte.
Dès que nous fûmes seuls, Lorenza et moi :
— Eh ! santo padre ! me dit-elle, que t'es-tu avisé de lui promettre ?
— Tu nous écoutais, curieuse ?
— Un peu. Tu es donc bien sûr que ce n'est pas Elle ?

— Qu'importe ? De toutes façons, nous aurons la convive promise. Si elle ne se nomme pas Myria en effet, je saurai bien découvrir qui elle est, et je la *prierai* de venir.

— Mais si c'est Myria ?

— Alors, je le lui ordonnerai.

VIII
Où je ne cache pas mon opinion sur les autres et sur moi-même.

Le souper que j'avais « prophétisé » n'eut pas lieu, et cela faute de convives. En revanche, il y eut un déjeuner fort divertissant à l'abbaye de Clairvaux. Je n'y étais point, mais le père Loth m'en a raconté les incidents, et je crois qu'ils sont dignes d'être conservés pour l'édification de la postérité.

Trois jours après les indiscrétions du cardinal de Rohan, — et depuis, il m'avait montré bien d'autres lettres ! — Dom Rocourt, le digne abbé de vingt abbayes qui lui rapportaient cinq cent mille livres de rentes, faisait fête à une jolie petite femme, grande amie de la reine de France et toute dorée des reflets de sa royale faveur. L'abbé n'était autre que ce robuste révérend à la vue duquel Marie-Antoinette s'était écriée : « Oh ! le beau moine ! » Exclamation naïve dont l'abbé s'enorgueillissait avec justice. La petite femme, c'était Mme de Valois. Une espèce de cour l'entourait : le marquis de Saissevax, l'abbé de Cabres, le comte d'Estaing, Rouillé d'Orfeuil, intendant de Champagne, Dorcy, receveur général, et le vieux maréchal de Richelieu lui-même avaient tenu à honneur et à plaisir d'être de cette petite fête à la fois dévote et galante. Donc, tout allait pour le mieux, et le vin de Champagne moussait dans les cornets quand le comte Beugnot arriva avec une mine mélancolique.

— Qu'y a-t-il ? lui demanda-t-on.

— Il y a, répondit-il, que le cardinal de Rohan vient d'être arrêté.

Vous pensez les exclamations, les bras au ciel ! Seule, Mme de Valois eut le sang-froid de demander des explications, et le comte Beugnot raconta ce qui s'était passé, en meilleurs termes que je ne saurais le faire, car il était fort lettré et fort agréable dans ses propos ; mais j'y ajouterai quelques détails qui m'ont été donnés par le père Loth, et ne sont connus, je pense, de personne.

Le matin même, jour de l'Assomption, 15 août 1785, Monseigneur le prince Louis de Rohan, cardinal, grand aumônier de France, revêtu de ses habits pontificaux et entouré de son clergé, attendait dans la grande galerie de Versailles l'arrivée de leurs majestés, lorsque M. le baron de Breteuil parut et cria au capitaine des gardes : *Arrêtez le cardinal de Rohan !* Le duc de Villeroy s'avança et dit quelques mots au cardinal qui s'inclina. L'aide-major des gardes-du-corps vint se placer auprès du prince. Pendant que la foule des courtisans qui remplissait la galerie s'interrogeait sur cet événement, le cardinal suivit le duc de Villeroy. Tout à coup il s'arrête et se baisse pour arranger la boucle de son soulier ; on cesse un instant de le surveiller ; il écrit quelques mots sur un chiffon de papier qu'il cache sous sa barrette ; puis il se relève et reprend sa marche. On monte en carrosse ; le prisonnier apprend qu'on le conduit à la Bastille. Alors il demande à passer chez lui pour y prendre quelques hardes. On y consent ; en traversant son antichambre, il glisse le papier qu'il a écrit dans la main d'un valet de confiance qui part pour Paris à franc étrier. Le cheval tombe mort en arrivant au Marais, mais l'abbé Georgel, vicaire de la Grande Aumônerie, reçoit l'estafette, qui ne peut que lui tendre le papier et s'évanouit soudain. L'abbé déploie le billet ; il n'y trouve que des caractères à peine déchiffrables ; il devine cependant ce qu'on exige de lui et brûle la correspondance intime du cardinal, renfermée dans un petit portefeuille rouge. Pendant ce temps, Mgr de Rohan faisait son entrée à la Bastille, qui était fort loin d'être aussi plaisante à habiter que le palais cardinalice.

— Diavolo ! dis-je au père Loth qui me communiquait tous ces détails en présence de Lorenza, voilà d'étranges histoires. Et quelle attitude a gardée la petite comtesse pendant le récit de Beugnot ?

— La meilleure du monde. Elle dit seulement : « Cela me donne des affaires. » Elle a ajouté, parlant à Beugnot : « Voulez-vous m'accompagner ? » et ils sont partis tous les deux, laissant la compagnie sous le coup de la terrible nouvelle. Une heure auprès, les chevaux de leur carrosse galopaient vers Bar-sur-Aube ; Beugnot soupirait en regardant son ancienne amie : « Ah ! Jeannette, disait-il, que nous sommes loin d'autrefois ! Vous souvient-il des trois douzaines d'échaudés que vous mangiez, en buvant du cidre, au cabaret de la Bastille ? » et Mme de Valois répondait : « Oui, cela m'arrivait lorsque je n'avais pas dîné et que je n'osais pas vous le dire. Je n'aime pas le nom de ce cabaret-là… » Tout en s'entretenant ainsi…

Lorenza, pour si inquiète qu'elle fût, ne put s'empêcher de rire au nez du père Loth.

— Eh ! comment savez-vous tout cela, mon père ? demanda-t-elle.

— Mon cocher a tenu compagnie au cocher de la comtesse jusqu'à la première poste. Mais ne prenons pas souci des minutes. Vous, mon cher comte, que dites-vous de l'événement, et qu'en résultera-t-il ?

— Il arrivera, dis-je gravement, ce que les Maîtres ont voulu qu'il arrivât. Le collier de la reine, c'est le carcan de la royauté.

— Mais que pensez-vous du cardinal ?

— Que c'est un homme d'esprit qui est un imbécile.

— Et de Mme de Valois ?

— Que c'est une princesse qui est une gueuse.

— Et de vous-même ?

— Que j'ai plus d'esprit que le cardinal, mais que j'ai été encore plus bête. Savez-vous ce que je vois en ce moment ? Le commissaire Chesnon, dans un fort beau carrosse ; il tourne l'angle du boulevard Saint-Antoine, suivi d'un gros d'exempts ; si bien que je serai arrêté avant que Lorenza ait eu le temps de me donner cinq ou six baisers d'adieu.

IX
Interrogatoires et chansons.

Je ne pense pas devoir perdre mon temps à raconter un procès que tout le monde sait par le menu et qui a traîné sur toutes les tables. Un cardinal accusé d'avoir calomnié une reine ; une femme de sang royal soupçonnée d'avoir soustrait des diamants ; un Mage suspect d'escroquerie, quelle aventure ! La petite comtesse, je ne sais pas trop pourquoi, me chargea avec une sorte de rage, et je me défendis de mon mieux. On m'avait d'abord mis au secret, ce qui fut une cruauté bien inutile. L'ignorance où l'on me tenait du sort de ma chère femme me tourmentait au point de me rendre insensible à toute autre torture. J'avais compté sur le secours des Loges, mais le père Loth ne m'avait fait passer aucun avis depuis le jour de mon arrestation. Quant au cardinal, il avait fort à faire pour se défendre lui-même ; puis, il n'était pas éloigné de croire, que dès qu'il me conviendrait de m'en aller, je passerais à travers les murailles. Je conviens que ma sorcellerie n'allait pas jusque-là.

Après nos premiers interrogatoires, on se relâcha des sévérités dont on avait d'abord usé. Les geôliers, fiers de tenir sous les verrous des personnages dont s'occupaient la France entière et l'Europe, ne demandaient qu'à se laisser corrompre, — jusqu'à un certain point, cependant. Je pus faire assez bonne chère et obtenir quelques livres, parmi lesquels se trouva une petite édition des *Centuries de Nostradamus*, datée de 1574. Chose bien faite pour m'étonner, le livre portait une indication qui renvoyait à la page 187, et voici ce que je lus sur cette page :

L'an quatre-vingt et plus, malandrins et guenons,

Aucuns en libertés, d'autres en bastions,

Gissent tout vifs ; savoir, femme qui n'est pas bête,

Deux comtes sans comtés, bonnet rouge sans tête.

Diavolo ! voilà un quatrain qui, pour avoir été imprimé en l'an 1574, ne s'en appliquait pas moins bien à la situation présente. Dans la « femme qui n'est pas bête », on pouvait reconnaître Mme de Valois ; La Motte et moi nous étions, en effet, deux comtes sans comtés, et le «bonnet rouge sans tête» indiquait clairement notre étourdi cardinal. Mais comme le quatrain n'était pas poli, je pris le parti de traiter Nostradamus de «vieille bête», à qui l'on fait dire tout ce qu'on veut.

Les confrontations suivirent les interrogatoires, et je me tirai assez bien des deux.

Je savais la justice française un peu frivole, et j'avais fait quelque toilette. On m'avait coiffé en cadenettes, et mes cheveux tombaient sur mes épaules, divisés en une infinité de petites queues. Je portais un habit vert brodé d'or, qui m'allait à miracle, à ce qu'assurait Lorenza, — du temps que je pouvais l'entendre, la chère belle! — et des culottes de velours rouge. Voilà les commissaires instructeurs qui se prennent à rire.

— Qui êtes-vous ? D'où venez-vous ? s'écrient-ils.

Cela m'indigna. Ils savaient bien que je venais de la Bastille, et j'étais assez connu pour qu'on m'épargnât ces questions niaises, bonnes pour les accusés du commun.

— Noble voyageur! répondis-je d'une voix assurée.

Mais ce tas de perruques se mit à rire de plus belle. Alors je m'indignai, et dans une sorte d'emportement bien justifié, je prononçai de hautaines paroles, afin de rappeler les gens au respect.

— Bon Dieu! me dit Me Thilorier, mon avocat, parlez-leur français au moins! Comment voulez-vous qu'ils vous entendent ?

Il est certain que, dans l'effusion de mon cœur, je m'étais exprimé en grec, arabe, latin, italien, égyptien, — sans parler du basque, où j'étais assez versé, — et c'est au milieu d'une gaîté universelle qu'on me pria de m'asseoir. Me Thilorier, qui d'abord avait paru fort contrarié de mon discours, finit par pouffer comme les autres.

— Vous êtes meilleur avocat que moi, dit-il, et vous avez gagné votre cause.

— Comment cela ?

— En les faisant rire.

J'avais été blessé, je fus humilié. On n'est pas Grand-Cophte pour rien. Mais voici que, tout à coup, une sorte de vision m'éblouit les yeux. Une grande et belle personne entre dans la salle avec une démarche de reine, et je crois voir la reine elle-même.

Pendant que je la regardais avec stupéfaction, les gens s'empressaient autour d'elle avec un intérêt souriant et presque respectueux. Même l'un des instructeurs, sur quelques mots qu'on lui dit à l'oreille, fit signe à un huissier d'apporter un fauteuil. Elle le remercia d'un air de noblesse, mêlé d'un peu de timidité, et les prévenances redoublèrent autour de sa beauté royale.

— Quelle est cette femme ? demandai-je à Thilorier.

Il me répondit tout bas :

— Une « demoiselle du monde » ; et si elle n'était point ici, elle serait, à cette heure sur quelque chaise du jardin du Palais-Royal.

Alors, je compris tout. J'avais devant les yeux l'original du médaillon, l'initiée de la rue Verte, la personne enfin qui, par sa ressemblance étrange avec Myria-Antoinette, avait trompé le cardinal !

— Et comment se nomme-t-elle ? demandai-je à mon avocat.

— Nicole Le Guay, baronne d'Oliva.

— D'Oliva ? dites de Valois ; c'est la petite comtesse qui a fait cette baronne.

— En effet, dit Thilorier, d'Oliva et Valois, même chose. C'est presque un anagramme. Je le mettrai dans ma plaidoirie.

Baronne ou non, la créature ne laissait pas d'être intéressante. On ne lui adressa que quelques questions auxquelles elle répondit avec une candeur touchante ; les commissaires avaient l'air de s'excuser de l'avoir fait venir. Soudain un vagissement d'enfant retentit. La dame se leva, tout émue, et fit un geste suppliant aux juges, qui répondirent en inclinant la tête. Une soubrette entra, portant un poupon couvert de dentelles ; l'accusée découvrit un sein d'une beauté incomparable et que je reconnus fort bien ; l'enfant y appliqua sa bouche rose et « la loi se tut devant la nature ».

Je demande pardon à Lorenza d'avoir écrit « incomparable ». Ce mot peut s'excuser dans la bouche d'un homme qui n'avait vu que des geôliers et des soldats depuis six mois.

Ainsi c'était cette belle fille que j'avais failli inviter à souper ! Sangodemi ! si nous sortions jamais, elle et moi, de prison !... Mais j'étais un peu surpris de sa maternité.

— D'où diable vient cet enfant-là ? demandai-je à mon avocat.

— De la Bastille.

— Fort bien ; mais qui l'a fait ?

— On l'a demandé à la mère.

— Et qu'a-t-elle répondu ?

— Qu'elle le dirait volontiers, — si elle s'en souvenait.

Pendant que mademoiselle Nicole faisait son devoir de mère avec une grâce et une largesse qui amenaient sur les lèvres des commissaires un attendrissement singulier, je continuais de m'entretenir avec mon avocat. Comme il augurait bien, en ce qui me concernait, de l'issue du procès, il n'avait pas à craindre de se compromettre, et il me mit au courant de ce qui s'était passé.

Le cardinal, à ce qu'il me dit, faisait assez mauvaise mine sur la sellette, bien que cette sellette fût un fauteuil, le tribunal ayant voulu faire honneur à un prince de l'Église.

Ma femme était à la Bastille, comme moi, mais devait bientôt être mise en liberté. Délivré de mon plus amer souci, je ne fis aucune difficulté pour sourire des espiègleries et des extravagances qu'on attribuait à Mme de Valois.

Dans le premier désespoir qui avait suivi son arrestation, elle avait voulu se casser la tête avec son pot de chambre. Puis elle s'avisa de prendre le costume d'Ève avant la feuille de figuier, et de gambader en cet état dans sa chambre de prisonnière, — ce qui devait être une folie fort agréable à voir. « Qu'on me fasse venir M. de Launay ! » dit-elle un jour. Le gouverneur vint ; elle lui fit une forte remontrance sur le mauvais état de son lit, si peu rembourré qu'elle en avait des marques bleues sur les épaules et jusque dans le dos. Notez que, ces marques, il fut obligé de les constater bon gré mal gré. Naturellement M. de Launay s'intéressa fort à la réclamation, et, comme il avait ordre de bien traiter la prisonnière, il lui donna un lit de plume et la fit servir dans de la vaisselle d'argent. En outre, ne voulant pas sévir contre ce joli démon et sachant qu'elle avait la manie de faire des trous au plancher et de tenter des évasions naïves, il prit le parti de passer ses journées auprès d'elle, et fit porter dans la chambre de la belle Jeanne son métier à tapisserie. Je veux dire le métier à tapisserie du gouverneur, car il était très entendu au petit point. Si bien que Jeanne finit par être agacée d'une pareille assiduité et proposa à de Launay de coucher dans le lit de plume pour mieux faire son métier d'espion ; on affirmait que de Launay, dans son zèle, n'avait reculé devant aucune extrémité.

Pendant que Nicole Le Guay continuait à allaiter son enfant, — peut-être pour séduire ses juges, — mon avocat me fit entrer dans une salle d'audience, et je pus voir Mme de Valois.

Sa captivité n'avait changé ni sa figure ni son humeur. Elle arriva fort parée d'une robe-chemise de linon-batiste, dite à l'enfant, qui faisait ressortir l'agrément de sa taille. Un petit bonnet de gaze, sans rubans, auquel était attaché un voile très fin dont elle s'ennuageait la figure, était posé sur ses beaux cheveux bouclés, sans poudre. Elle entra d'un air assuré, m'aperçut et me montra le poing, comme une promesse. L'huissier lui dit d'un ton sec, en lui montrant la sellette : « Madame, mettez-vous là. » La comtesse recula d'abord, puis se rapprocha du siège, auquel elle donna un petit coup de pied de mépris ; après quoi elle s'y assit, s'y arrangea, dégagea les plis de sa robe, et finit par s'y établir dans une pose gracieuse, comme si elle eût été couchée dans la meilleure bergère. On l'interrogea ; elle ne répondit à personne et soutint la conversation avec tout le monde, tenant tête au premier président, M. de Brétignières, ne témoignant pas plus de fatigue ni d'ennui que si elle eût dirigé le bavardage de son salon. Elle parla pendant une grande demi-heure, toute seule, sous prétexte de tout dire, et elle trouva le moyen de ne rien dire et d'être charmante.

Je le lui témoignai par un salut profond que je lui fis quand elle se leva pour partir, prenant elle-même un congé que le président ratifia d'un geste obligeant. Sa visite n'avait pas duré moins de trois heures.

Quand le moment arriva de rentrer à la Bastille, Thilorier me glissa dans la main un noël qui courait Paris, et dans lequel l'opinion publique décidait de notre affaire. En voici les principaux couplets seulement, car il était interminable :

Nous voici dans le temps pascal :

Que dites-vous du cardinal ?

Est-ce qu'à Pâque il chantera

Alleluia ?

Oliva dit qu'il est dindon ;

Lamotte dit qu'il est fripon ;

Il se conduit comme un bêta ;

Alleluia !

Le Saint-Père l'avait rougi,

Le roi de France l'a noirci,

Mais Themis le savonnera,

Alleluia !

Que Cagliostro ne soit rien,

Qu'il soit Maltais, juif ou chrétien,

A l'affaire que fait cela ?

Alleluia !

A Versailles, comme à Paris,

Tous les grands et tous les petits

Voudraient élargir Oliva.

Alleluia !

De Valois le roman si doux

Débuta par un rendez-vous ;

Un collier le terminera,

Alleluia !

Les événements se pressèrent. Bientôt, ma Lorenza chérie fut rendue à la liberté, et la cour rendit son arrêt le 31 mai 1786.

X
L'arrêt et ce qui s'en ensuivit.

Cet arrêt, on le connaît. Je fus déchargé de toute accusation, et quoi de plus juste ! car, enfin, j'étais fort innocent de tout ce qui était arrivé ; le cardinal de Rohan et la belle Nicole furent mis hors de cour ; mais la pauvre comtesse fut condamnée à être, nue et ayant la corde au cou, fustigée de verges et flétrie d'un fer chaud en forme de V sur les deux épaules, par le bourreau, devant la Conciergerie, avant d'être renfermée à perpétuité à la Salpêtrière.

Le cardinal parvint à se soustraire à une ovation que je n'évitai pas. Plus de dix mille personnes m'attendaient à la porte de la Bastille. Ce fut une explosion d'ivresse, une émeute d'enthousiasme. On me porta en triomphe jusque dans ma maison du boulevard Saint-Antoine, avec des clameurs qui me touchaient jusqu'au fond de l'âme. Les exempts qui essayaient de s'opposer à ce débordement de joie étaient foulés, repoussés, meurtris, et disparaissaient dans les flots du populaire. Lorenza m'enlaçait de ses bras. Au moment où je mettais le pied sur le seuil de ma porte, des fanfares éclatèrent. Toutes les musiques du quartier me donnaient la sérénade. Les dames de la Halle arrivèrent avec de gros bouquets ; j'embrassai celles qui me parurent jolies, et même les autres, mais moins profondément. Un faiseur d'odes monta chez moi, ouvrit ma fenêtre, et lut à la foule une cantate en mon honneur où je déclare qu'il y avait de beaux vers. Toutefois, je lançai aux applaudisseurs, par dessus ses épaules, quelques centaines de louis ; la poésie n'en fut que mieux accueillie. Ce n'est que vers l'heure de minuit que ces réjouissances prirent fin, et Dieu sait quel moment ce fut, quand, les dernières portes fermées, après huit mois de séparation, de captivité, de souffrance, je me trouvai libre en face de ma Lorenza bien-aimée ! Elle était plus belle que jamais. Nous nous tendions les bras sans oser avancer, presque avec effroi, craignant d'expirer dans l'extase de notre premier enlacement. Je n'en dirai pas davantage. Cœurs sensibles qui me lirez, — si jamais j'ai d'autres lecteurs que le digne Pancrazio, mon geôlier et ami, — vous devinerez mieux que je ne pourrais le dire quelles furent, après une pareille absence, les jouissances ineffables d'un amour partagé !

Le lendemain, je recevais l'ordre de quitter la France, et je faisais mes paquets. Voici ce qu'on chantait dans les rues de Paris :

Target, dans un gros mémoire,

A tracé tant bien que mal

L'étrange et fâcheuse histoire

De ce pauvre cardinal ;

Et la verbeuse éloquence

De cet orateur pressant

Prouva jusqu'à l'évidence

Que c'est un grand innocent.

J'entends le Sénat de France

Lui dire un de ces matins :

Ayez un peu de décence,

Et laissez là les catins ;

Mais le Pape moins honnête

Pourrait dire à ce nigaud :

Prince, à qui n'a point de tête

Il ne faut pas de chapeau.

Pour en finir avec ce triste disciple, je dirai que la colère royale ne se lassa pas de le poursuivre.

Vainement il demanda vingt fois à revenir à la cour, il y perdit son encre et ses bassesses, et la comtesse de Marsan une partie de son crédit. Le prince dut se résigner à vivre loin de Versailles mais il en prit son parti, grâce à une belle Anglaise qu'il fit venir à la Chaise-Dieu, et qu'il avait toujours sur ses genoux, ce qui était d'un fâcheux exemple pour ses moines.

XI
Où Mme de Valois parle beaucoup, croit qu'elle dit la vérité et ment à son ordinaire.

Si j'ai jamais eu besoin de consolations, si j'ai jamais eu dans ma vie un jour de découragement, c'est lorsque je sortis de l'audience que le baron de Weisshaupt m'avait difficilement accordée.

— Je n'ai point de temps à perdre, me dit-il, et vous avez eu tort d'insister pour me voir. Vous n'êtes point un sot, mais vous êtes presque aussi dangereux que si vous l'étiez. Votre *moi* vous occupe trop ; vous ne méritez pas de travailler à l'œuvre. Vous êtes un amuseur, un *excentric*, comme on dit à Londres où vous allez. C'est bon. Je vous tolère. Partez, conduisez-vous bien. Je n'ai plus besoin de vous.

Ce n'est qu'à Londres que je pus réconforter mon esprit, troublé par ce que j'appelais alors une noire ingratitude.

Je voulus essayer de reprendre dans cette ville grise mon existence d'autrefois ; mais quelque chose me séparait de mon passé, et j'avais peine à retrouver en moi le vieil homme. Lorenza se fit mon ange gardien et devint plus que jamais le premier intérêt de ma vie.

Nous étions un soir fort ennuyés d'un temps de pluie et de boue qui durait depuis plusieurs jours, quand le marteau de notre porte retentit plusieurs fois. Il s'agissait, sans doute, d'un visiteur d'importance. On ouvrit.

Le visiteur était une visiteuse en habit de velours et en grande coiffe. Elle rejeta sa calèche sur ses épaules et nous montra une petite tête pâle.

— Jeanne !

— Madame de Valois !

Jeanne fit une révérence à ma femme, une révérence de cour, s'il vous plaît, et me dit avec un léger accent de raillerie :

— Voulez-vous me donner la main, comte ?

— Assurément, répondis-je.

— Nous avons été ennemis, mais cela peut s'oublier, car nous avons passé, vous par l'exil, moi par le feu.

Nous la considérions avec étonnement. Comment se trouvait-elle à Londres ? L'épouvantable arrêt qui l'avait frappée me revenait en mémoire, et je me souvins de toutes les circonstances que j'en avais vues dans les gazettes.

Quand on lui avait lu sa condamnation, elle avait haussé les épaules et regardé les gens en pitié. Ce qui ne l'avait pas empêchée, un peu après, d'être prise de convulsions qui avaient duré trois heures, et pendant lesquelles elle avait brisé, rompu, tordu tout ce qui lui était tombé sous la main. Cela s'était calmé, et elle avait passé quelques jours assez tranquille. Elle attendait sa grâce, qui ne pouvait lui manquer, disait-elle. Et lorsqu'il lui venait quelque doute à l'esprit, elle regardait du côté de Versailles et murmurait entre ses dents serrées :

— Prends garde !

Le 21 juin, une petite fille, qui la servait depuis qu'elle était entrée à la Conciergerie, vint l'éveiller et lui dit :

— Madame, levez-vous.

— Ah ! quel ennui ! fit la jolie Jeanne, je dormais si bien.

Elle dormait bien, en effet, et dans un désordre charmant qu'autorisait la grande chaleur.

Elle se couvrit, un peu rougissante de s'être trop bien vue, et mit des bas de soie et des souliers plats.

— Que me veut-on ? dit-elle.

— Madame, c'est qu'on vous demande au parloir.

— Enfin ! dit Jeanne, qui voyait arriver sa grâce et la liberté. Comment faut-il que je me mette ?

— Très simplement, madame ; ce n'est pas pour aller bien loin.

La fillette répétait une leçon. La comtesse passa une robe du matin, mit un mantelet et prit ses gants.

— J'aurais bien besoin d'être peignée, dit-elle.

— On a dit que ça ne faisait rien.

Elle sortit. Quatre hommes l'entourèrent, hauts, poilus, vigoureux, de mauvaise mine.

— Qu'est-ce ? Que me voulez-vous ?

Ils la saisirent par les poignets et l'entraînèrent ; d'autres hommes qui étaient derrière elle la poussaient du genou dans les reins. On lui fait descendre le grand escalier de la Conciergerie, et on la conduit, criante et frémissante, devant un greffier qui lui lit son arrêt.

— On me tuera plutôt ! s'écrie-t-elle en bondissant sous les mains de fer qui l'étreignent.

Le greffier s'écarte elle aperçoit le bourreau agenouillé, retournant un fer rouge sur une braise ardente.

— Non ! répète-t-elle, non, plutôt la mort ! — Antoinette !…

A ce nom, les valets du bourreau la jettent à terre, étouffent ses cris dans la poussière, écartent ses vêtements, et des lanières sifflantes tracent de longs sillons sur la chair de la victime. Mais ces hommes ont hâte d'en finir, comme s'ils avaient horreur de leur action. Peut-être était-elle recommandée — ou protégée… Protégée, juste ciel ! Elle fut à peine frappée trois fois. Éperdue et presque sans connaissance, une douleur aiguë, atroce, la rappelle à elle-même ; elle sent la chair de son épaule gauche grésiller sous la fleur de lys rouge ; un soubresaut nerveux, invincible, l'arrache à ses bourreaux ; elle veut fuir ; l'exécuteur saute sur elle ; elle trébuche, tombe, se retourne sous lui, et le fer qu'il veut appliquer à l'épaule droite, écrase, brûle et meurtrit le beau sein de Jeanne, le sein droit, — *le seul.*

C'est fini. Elle se relève, folle de terreur et de colère, vomissant mille imprécations qui font pâlir ses tortureurs ; elle menace le ciel, et, tendant ses poings au couchant :

— Si c'est ainsi qu'on traite le sang des Valois, s'écrie-t-elle, quel sort est donc réservé au sang des Bourbons !

Voilà ce qu'on m'avait raconté. Et j'avais remarqué que la ligne de projection de ses bras tendus, qui se dirigeaient du côté de Versailles, avait dû passer par la place Louis XV, que les Français ont appelée depuis place de la Révolution.

La triste exécution avait eu lieu, du reste, à une heure indue et devant peu de monde. Excellente précaution, car il paraît que la pauvre Jeanne eut de graves écarts de langage. Les curieux et amateurs de supplices furent prévenus trop tard, et Paris, qu'on privait d'un divertissement, s'en vengea par cette épigramme :

A la moderne Valois

Qui contestera ses droits ?

La cour des pairs elle-même,

Quoiqu'on termes peu polis,

Lui fait, par arrêt suprême,

Endosser les fleurs de lys.

Cependant, après les premiers mots de notre entretien, Jeanne devint muette et rêveuse ; elle pensait sans doute aux choses que je viens de rappeler, et je ne savais comment renouer la conversation. Elle se décida à rompre le silence.

— Comte, dit-elle, êtes-vous toujours en rapport avec ce que vous appeliez « la Lumière » ?

— Oui, dis-je, mais j'ai cessé d'être un des maîtres de l'ordre.

— Pourquoi cela ?

— Parce que vous m'avez trompé.

Elle me regarda d'un air singulier.

— En êtes-vous bien sûr, comte ?

— Parfaitement. J'ai eu l'honneur de voir et d'entendre la baronne d'Oliva et son poupon. C'est une fort agréable reine, mais qu'il est difficile de compromettre.

— J'avais cette fille sous la main, je m'en suis servie, mais qu'est-ce que cela prouve ?

— Cela prouve que vous avez fait jouer au cardinal le rôle du chien qui lâche la proie pour l'ombre.

Elle eut encore le regard qu'elle avait eu un moment auparavant, et répéta :

— En êtes-vous bien sûr ?

— Oui, dis-je en me levant, car je me sentais irrité par ce cynisme ; ne vous moquez plus de moi, comtesse, si vous voulez que nous restions amis. Qui ne connaît le rôle de cette « poupée » ?

— J'ai aimé la reine, dit Jeanne de Valois, sans paraître m'entendre ; vous ne savez pas à quel point il est facile d'aimer les reines. Oui, même en complotant contre elles, même en les trahissant, quelquefois on les aime. Qui vous dit que je n'ai point fabriqué tout exprès ma « poupée », pour endosser les imprudences de l'original ?

— Calomnie ! invention ! m'écriai-je ; comtesse, mentirez-vous toujours ?

— Écoutez-moi tranquillement, voulez-vous ? Si j'ai commis le crime dont on m'accuse, — si moi, qui disposais de la bourse de Rohan et de celle de vingt autres, seule, sans complices, j'ai profané la majesté royale, souillé un nom auguste, trompé un diplomate, ouvert des jardins fermés à tous, dans le seul but de voler un collier, — pourquoi ne m'a-t-on pas tuée ? On pend les servantes qui volent un écu.

— Mais non pas les grandes dames qui volent un million, répondis-je.

— Soit ! Dans tous les cas, l'affaire finie, il est bien convenu que je suis un monstre en exécration à la cour où j'ai commis de pareilles infamies ?

— Certes !

— Et à la reine encore plus, à cette reine innocente et calomniée ?

— Vous l'avez dit.

— Et vous m'accordez que tout nouveau rapport, toute entente, toute convention avec moi, ne pourrait que la déshonorer ?

— Où voulez-vous en venir ?

— A ceci. Lorsque j'entrai à la Salpêtrière et que je revêtis l'habit d'ordonnance, voilà ce que je dis à l'abbé Tillet, aumônier de la maison : « Monsieur le curé, gardez vos sermons, la justice est morte. S'il en existait une sous le ciel, la reine devrait être ici à ma place, puisque tout mon crime est de l'avoir trop bien servie. » Ceci fut dit devant cent personnes, et on le répéta. Le curé Tillet reçut l'ordre de me traiter avec égard.

— C'était de l'indulgence.

— Si vous voulez. On a été indulgent aussi pour Rétaux de Villette, mon secrétaire, celui qui s'est avoué coupable d'avoir contrefait l'écriture de la reine. On l'a banni. Contrefaire une signature royale, bagatelle ! S'il eût contrefait la signature d'un simple bourgeois, il eût été pendu.

— Hum !

— En août dernier, on m'annonce une visite. « Qui est-ce ? — Madame de Lamballe, me dit la supérieure, sœur Victoire. — Je ne veux pas la recevoir. » On rapporte cela à la princesse, qui insiste et qui veut me parler à tout prix. « Madame, lui dit-on, c'est impossible. — Et pourquoi ? — Parce que Mme de Valois n'y est pas condamnée… » Le mot venait de moi.

— Hum !

— Je rêvais, j'attendais ; je ne regrette pas ces mois de prison, comte. J'y ai gagné. Je vous fais grâce des encouragements secrets qui me parvenaient, des billets qui me conjuraient d'oublier, des prières que j'ai repoussées ; vous ne me croiriez pas, puisque je n'ai pas de preuves. Enfin, une pauvre fille, Marianne, qui me servait dans la prison, car on m'y traitait en grande dame, m'offre de fuir. Je refuse ; elle insiste ; un désir de liberté me monte à la tête ; j'accepte. Savez-vous ce que cette fille m'apporte le lendemain ?

— Non.

— Un costume de cavalier d'une valeur de cent livres. « Qui a payé cela, Marianne ? » Elle ne répond pas. Je m'habille, je sors, je m'égare ; je rencontre la supérieure, des surveillantes qui ne font pas semblant de me voir. Il y avait de l'argent dans mes poches. J'arrive à la porte, on l'ouvre, et qui est-ce que je trouve en arrivant au bord de la Seine ? Marianne, qui m'attendait pour m'accompagner.

— Croyez-vous donc n'avoir pas d'amis ?

— Pardonnez-moi. Ce que je vous dis est la preuve du contraire. Enfin je pars pour Londres. M'y voici, et j'y attends Mme de Polignac.

— Mme de Polignac ?

— Elle-même. Je dois la voir demain.

— Comment la surintendante de la maison de la reine pourrait-elle quitter Paris ?

— Pour des raisons de santé. Elle vient prendre les eaux de Bath.

— Pourquoi vous verrait-elle ?

— Pour m'apporter deux cent mille livres. J'en ai été prévenue par le baron de Breteuil. Connaissez-vous l'écriture de la princesse de Lamballe ? Lisez.

— Oui, ce sont bien ses pattes de mouches. Il est question de papiers que vous devez remettre en échange de deux cent mille livres.

— Et c'est là le motif de ma visite. Ces papiers dont on m'offre deux cent mille livres, voulez-vous m'en donner un million ?

— Moi !… et pourquoi faire ?

— Pour vos amis de « là-bas ».

— Je ne suis pas autorisé. Et puis, je voudrais voir les deux cent mille livres.

— Venez demain, vous les verrez.

Je les vis, en effet. La duchesse de Polignac partie, la comtesse les mit devant moi dans son secrétaire. On en pensera ce qu'on voudra.

Les femmes ont toujours une arrière-pensée. Jeanne de Valois me retint quand je voulus sortir. Elle avait quelque chose à me dire. Elle me fit jurer que j'étais un grand médecin, et se déshabilla ensuite, en rougissant, jusqu'à la ceinture. Ce démon avait des pudeurs de jeune fille. Elle me demandait — simplement — de faire disparaître le terrible stigmate dont on l'avait marquée. Je le regardai longtemps. Le sein meurtri avait repris sa forme pure. C'était à la fois affreux et charmant.

Je mis un baiser sur la marque et lui dis :

— Il n'y a pas autre chose à faire.

Deux ans après, Jeanne de Valois se jeta par la fenêtre. L'une de ses fleurs de lys la gênait ; on devine bien laquelle.

FIN DU LIVRE DEUXIÈME

LIVRE TROISIÈME
LE SAINT-OFFICE ROMAIN

I
Où je me décide à faire une sottise et de l'ingratitude que me témoigne saint Jean, évangéliste.

— Joseph, me dit un jour Lorenza, ton Angleterre m'enterre, cette île m'exile, son brouillard m'embrouille, sa brume m'enrhume ; je veux m'en aller.

— Comme tu voudras, ma cygne.

Ce nom mignard m'est échappé et je le maintiens, quoiqu'il désolât ce qu'il y avait de pédants parmi mes amis. Il rappelait la grâce onduleuse et la blancheur exquise de ma chère Lorenza, et, quelques remontrances qu'on me fît, je n'ai jamais pu l'employer au masculin en parlant de ma femme.

— Où irons-nous ? demandai-je à la belle Italienne. Le monde a des préjugés contre moi. J'ai voulu planter notre tente à Turin, l'année dernière ; le roi m'a prié de quitter le Piémont sous huit jours.

— Je ne tiens pas au Piémont.

— Ni moi. Nous nous sommes réfugiés à Roveredo, sous la domination paternelle de l'Autriche ; l'empereur Joseph II s'en est offusqué et m'a fait dire que je l'incommodais.

— Eh bien, retournons en France.

— Breteuil de Launay et Chesnon y ont la main longue. J'ai dit trop de mal de la Bastille.

— Allons à Palerme.

— J'y ai laissé des amis désagréables.

— A Rome. Je voudrais savoir ce que sont devenues maman et la passementerie, et si Lorenzo n'est pas aux galères.

— Il est temps d'y songer en effet. Mais n'est-ce pas se jeter dans la gueule du loup catholique ?

— Nous ne manquons pas de religion, Joseph.

— J'en conviens, mais Rome est un endroit où il en faut tant avoir ! Sache que le saint office a dans ses tiroirs la bulle *In Eminenti*, due au pape Clément XII, laquelle foudroie les maçons et les condamne à la pendaison.

— Bah ! dit Lorenza.

— Il y a aussi la bulle *Providas*, de l'excellent Benoît XIV ; elle ne date que de trente ans, et a force de loi dans les procès ecclésiastiques. Celle-là écarte la pendaison.

— Tu vois !

— Mais elle y substitue le bûcher, comme purifiant et plus conforme à la tradition chrétienne.

— Poltron ! dit Lorenza. On nous veut beaucoup de bien au Vatican ; le prince-évêque de Trente me le disait avant-hier chez lady Roseberry. Il est fort aimable, cet évêque, et du dernier galant. Il a affirmé que si tu voulais lui faire une confession générale, on serait charmé de te voir là-bas.

— Il faudrait en être bien sûr ! répondis-je.

— Le prince lui-même te le dira.

Il me le dit, en effet. Ce prince-évêque était un bonhomme pas méchant, ayant la manche large et absolvant les cas réservés. Je le tins pendant un temps pour l'ami de la maison. Il s'intéressait fort à mes aventures et à la Maçonnerie, dont je lui racontais les mystères. Il apprit à manier le tablier, le septangle, le triangle, la truelle, le compas, l'équerre, les pierres brute, cubique, triangulaire, le pont, l'échelle, le globe et la corneille sacrée, dont je lui expliquai le sens réel. Mais il était pour sa part fort attaché à l'Église et ne regrettait pas qu'elle répudiât les rites nouveaux. Quelle nécessité de remplacer par le clinquant que je viens de citer la croix, l'étole, le ciboire, la patène, la lampe, la mitre, le chapelet, l'*Agnus* et le tabernacle ? Je ne savais que répondre. Un jour qu'il regardait la banderole maçonnique que Weisshaupt m'avait confiée à mon départ pour la France, banderole brodée des lettres L. P. D., il me demanda ce que cela signifiait. Je lui dis voix basse : *Lilia pedibus destrue* (Foulez aux pieds les lys !).

— Et pourquoi pas, dit-il, *Loue pieusement Dieu* ? Tout cela, mon cher comte, ce n'est guère que des enfantillages. Le pape vous verra avec plaisir. Savez-vous qu'il vient de gracier votre ancien ami Louis de Rohan et de le déclarer *apte à la papauté* ?

— Louis serait pape ? m'écriai-je.

— Il peut du moins le devenir.

— Partons, alors, répondis-je.

Lorenza fut tout à fait heureuse de ma résolution. Nous arrivâmes à Rome en mai 1789, et, après un court séjour à l'hôtel garni, nous allâmes demeurer au palais Farnese. C'est là que je fus arrêté par ordre du Saint-Office le 21 mars 1790, jour de la fête de Saint-Jean-l'Évangéliste, qui manqua de gratitude avec moi, car j'en avais fait un des saints de mon rite égyptien, à cause de son amusante Apocalypse.

II
Charlatan peut-être ; prophète certainement.

Je ne pense pas qu'il se soit jamais vu un procès aussi singulier que le mien. On m'y faisait réciter mon catéchisme, que j'avais un peu oublié, et accessoirement des oraisons, des actes de foi, d'espérance et de charité. A part moi, je songeais à ma chère Lorenza et aux actes d'amour qui m'étaient interdits. Ce qui me fut le plus funeste fut ce qui m'aurait dû faire absoudre par des juges moins prévenus. Je veux parler de ces facultés mystérieuses, qui m'étonnaient moi-même et dont j'avais cent fois constaté les effets ; je les devais certainement à la protection spéciale de Dieu ; mais les inquisiteurs étaient résolus à trouver le diable dans l'affaire. Quant à ma maçonnerie, les bulles étaient formelles et le cas était pendable. Mais ce qui ameutait surtout contre moi la horde sinistre des prêtres, c'était ma *Lettre au peuple français*, publiée en juin 1786.

Notez cette date. J'avais écrit ceci :

« Est-ce donc un moyen de gouvernement que ces abominables « lettres de cachet » qui plongent l'innocent dans un cachot, étouffent sa voix et livrent sa maison au pillage ? Sur quoi juge-t-on le malheureux qu'on met hors la loi ? Sur des plaintes dont on ne sait pas l'origine, sur des informations ténébreuses, sur des rumeurs ou des bruits calomnieux, semés par la haine et récoltés par l'envie. La victime est frappée sans savoir d'où le coup part. Et l'on entre à la Bastille, un enfer ! L'impudence, le mensonge, la fausse pitié, l'ironie, l'hypocrisie, la cruauté sans frein, l'injustice et la mort y tiennent leur empire. Elle renferme des cadavres vivants rayés depuis longtemps de la liste des hommes et dont on a même oublié les noms. Les malheureux aspirent à la mort et vivent dans une ombre éternelle. Il n'est pas de crime que n'expie un mois de Bastille ! Et l'innocence en voit tous les jours les portes s'ouvrir pour elle ! Et la formidable prison d'État ne rend pas sa proie ! Oui, tant que ce fantôme de pierre restera debout, il n'y aura point de sécurité en France. Mais *les temps sont proches où la raison humaine l'emportera sur la force brutale.* LA BASTILLE SERA DÉTRUITE ET DEVIENDRA UN LIEU DE PROMENADE ! Et cette liberté du monde, à laquelle j'ai consacré ma vie et dont le foyer doit s'allumer en France, rayonnera sur l'avenir ! »

Tel était mon véritable crime. J'avais ouvert ma main pleine de vérités, chose imprudente. Aussi n'attendais-je pas sans quelque inquiétude l'issue de mon étrange procès. Ce qui me fut le plus cruel, c'est qu'on m'apportait presque tous les jours des déclarations signées de ma chère Lorenza, où j'étais accusé de mille mensonges, de mille infamies. Ces prêtres forçaient l'amour à la trahison.

Parmi ces ténèbres de juges iniques et d'avocats traîtres, je n'eus qu'un jour d'éclaircie ; ce fut celui où je vis paraître à la barre des témoins une figure sympathique qui éclaira un instant notre noire assemblée de son rayonnement. Émilia ! C'était ma cousine Émilia que je revoyais après tant d'années d'absence et qui était toujours belle. Elle m'envoya un baiser, en touchant son cœur de sa main, et déclara, le sourire aux lèvres, que j'étais le moins méchant des hommes. Sa parole tomba sur moi comme le rayon de lumière qui réconforta Daniel dans la fosse aux lions. Mes lions étaient d'obscènes renards. Ils durent sentir que leur proie leur était arrachée, et le regard du premier ange que j'eusse aimé me rendit le courage et me promit la vie.

On n'osa pas me tuer. Je ne donnerai pas les considérants de mon arrêt de mort, œuvre d'iniquité et de mensonge ; le pape commua la peine, et j'entrai dans la vieille prison de San Léo d'Urbino. Que de Bastilles sur la terre !

III
Le cordon de Saint-François.

Dès que je fus à San Léo d'Urbino ; je n'eus plus qu'une idée, en sortir. Je ne tardai pas à me faire un ami. Je parle de toi, mon cher Pancrazio ! Pancrazio, en effet, avait l'air d'un compère. Il m'inspira de la confiance, et un beau matin je lui proposai de me confesser ; j'avoue que ce n'était pas uniquement par dévotion ; j'avais une arrière-pensée. Vraiment il ne confesse pas mal. Mais il est pour les corrections corporelles, et je me gardai bien de lui donner tort.

— Rien de tel qu'une bonne « fustigation », disait-il, pour faire rentrer les gens en eux-mêmes.

A quoi je ne pus m'empêcher de répondre :

— Avez-vous donc des pénitentes, mon père ? Pour moi, le reproche que je fais à ce genre de purification, c'est la fatigue qu'il donne, quand on opère solitairement. Je comprends qu'on fouette les autres ou qu'on se fasse fouetter, mais il est pénible de s'exécuter soi-même.

Pancrazio me dit :

— Qu'à cela ne tienne, mon fils ! Je vous fouetterai quand il vous plaira.

En effet, le lendemain de ma confession, ce digne Pancrazio m'offrit de m'administrer les coups de martinet qu'il croyait nécessaires à l'époussetage de ma conscience.

Dès que j'y eus consenti, avec une ardeur dont il eut tort de ne pas prendre ombrage, le bon père dénoua la corde qui lui ceignait les reins, une bonne corde souple et solide, aussi propre à cingler des épaules qu'à garrotter un geôlier. Il la ploya en quatre doubles et m'en envoya quelques volées. Je pris mon temps, je lui arrachai le cordon des mains, et bondissant sur le digne franciscain…

....

Ici s'arrêtaient les Confessions du divin Joseph Balsamo, écrites par lui-même dans la prison de San Léo d'Urbino. Plus rien qu'une moitié de page blanche, ou plutôt jaune et ridée comme une joue de vieille femme, car c'était du papier fort ancien. Les autres paperasses que nous avait remises Lorenza étaient des documents de peu d'importance : épîtres en vers adressées au comte de Cagliostro par des poètes de divers pays ; comptes rendus de Tenues maçonniques, soumis à l'appréciation du Grand-Cophte ; lettres reconnaissantes de misérables obligés ou de malades guéris par Joseph Balsamo. Nous désespérions de connaître les dernières aventures de l'illustre Mage. Que s'était-il passé ? Avait-il réussi à étrangler Fra Pancrazio avec le cordon de Saint-François ? Avait-il fui ? Avait-il été repris ? Était-il mort ou vivant ? Car un pareil homme, qui disait avoir vu César à Rome et Cromwell à Londres refuser la couronne, pouvait bien être vivant encore en l'année 1848, et non seulement vivant, mais bien portant et jeune, car s'il avait eu des cheveux blancs, il n'aurait pas manqué d'inventer quelque teinture qui l'aurait rajeuni à souhait.

Nous rendîmes visite à la vieille sorcière qui avait été une jeune magicienne. Lorenza nous dit :

— Quand les Français sont entrés à Rome, au temps de leur grande Révolution, — il y a bien longtemps de cela, — ils ont voulu délivrer mon Joseph. Ils ont fait ouvrir les portes de sa prison ; mais on n'a retrouvé que le cadavre de mon pauvre mari ; il venait de mourir ; il est bien possible qu'on l'ait tué. Je ne sais pas ce qui s'est passé. Voulez-vous que je vous dise la bonne aventure ? pour une demi-piastre je ferai le jeu des tarots, et je vous dirai si votre belle amie vous est fidèle.

Or, à cette époque, notre belle amie, comme disait Lorenza, nous inspirait une telle confiance, — nous étions très jeune, — que nous aurions cru lui faire injure en interrogeant sur son compte la magie la plus avérée. Nous prîmes congé de Lorenza, en laissant sur le bord de sa table un peu de notre monnaie de France. Nous avons appris plus tard que cette femme, à qui Joseph Balsamo avait demandé pardon de trouver « incomparable » le sein de Nicole Le Guay, était morte à l'hôpital Saint-Christophe. On l'enterra dans la fosse commune, quoiqu'elle eût été l'amie de plusieurs princes et d'un nombre considérable d'évêques. Sur sa tombe banale, les chiens errants aboyèrent à la lune.

Nous étions à la veille de quitter Rome sans avoir recueilli aucun renseignement précis sur les dernières années de Joseph Balsamo, quand le hasard, — les romanciers ont toujours de ces bonnes fortunes, — nous fit faire la connaissance d'un jeune « Monsignor » qui n'avait que cinquante-neuf ans, âge d'adolescence pour un dignitaire ecclésiastique.

— Joseph Balsamo ? nous dit-il. Un sorcier, n'est-ce pas ? Je pense qu'il a été brûlé. Mais non, non, je me souviens, on l'a gardé vivant pendant très longtemps. Nous avons de ces renards dans nos ménageries ; puis on a jugé à propos… Ma foi, oui, je me rappelle fort bien ce qui a eu lieu. C'est un franciscain, nommé Fra Pancrazio, qui a été chargé de la chose, et je pense que l'on trouverait encore dans les archives cardinalices le rapport de ce digne moine.

Ceci exaspéra notre curiosité, et le lendemain, le complaisant Monsignor, — nous l'avons rencontré depuis à Vienne où il protégeait fort, mais pour la convertir, une jeune cantatrice qui venait de débuter dans le LOHENGRIN, — nous remit le document qu'on va lire et qui servira de conclusion à cette histoire.

Illustrissimes Éminences,

Par la grâce de la Sainte-Trinité et celle de saint Pancrazio, mon patron, la Providence m'a choisi pour être l'instrument du plus juste de ses décrets. Puisse le mince mérite de mon action intéresser en ma faveur la divine clémence et me mériter, au jour du jugement, le pardon de mes innombrables péchés !

Il faut vous dire, illustrissimes seigneurs, que j'éprouvais une affection très sincère pour le prisonnier appelé Joseph Balsamo. Ce n'était point un méchant homme, en apparence du moins, et je l'aurais fort estimé, si je ne n'avais su que le diable — Sainte Marie me pardonne d'avoir prononcé ce nom ! — est habile à prendre toutes sortes de déguisements.

Mais je connaissais les ruses du Malin, et c'était avec un plaisir mêlé de défiance que j'écoutais le seigneur Balsamo me parler des jolies femmes qu'il avait aimées, et en même temps des nobles actions qu'il avait accomplies. Selon les ordres que j'avais reçus, je feignais de le croire et de paraître converti à ses idées ; je ne témoignais même aucun ressentiment de la brutalité dont il avait usé à mon égard, peu de temps après son arrivée à San Léo d'Urbino, en essayant de m'étrangler avec le cordon de Saint-François, dont j'allais me servir pour sanctifier sa chair réprouvée. Oui, je confesse que je l'aimais très tendrement, ce pécheur ! d'autant plus qu'il me donnait fréquemment de l'argent, — dont je faisais des aumônes. Il avait beaucoup de confiance en moi, et je m'en réjouissais, car il me serait plus facile de le surprendre quand l'avis m'en serait communiqué.

Plusieurs années s'écoulèrent ; je continuais d'être l'ami très sincère de Joseph Balsamo, lorsque — abomination des abominations ! — les Français, non contents d'avoir renversé en France l'ordre régulier des choses et d'avoir tourmenté les dignes prêtres de leur pays, s'avisèrent d'entrer, au son des trompettes, dans la Ville Éternelle. Il était à craindre que la fantaisie ne les prît de délivrer notre prisonnier, lequel avait prédit, assurait-on, ce que ces impies appelaient, « l'ère de la liberté et de l'égalité ». C'est alors que je reçus et que je remplis avec fidélité la mission qui me vaudra la miséricorde de la souveraine justice.

D'après ce qui m'avait été commandé, j'entrai dans la cellule de Joseph Balsamo, et comme il me demandait la cause du bruit guerrier qui était parvenu jusqu'à lui, je lui répondis que le temps du carnaval était venu, et qu'on permettait au peuple de se divertir. Il y aurait eu cruauté inutile à révéler au prisonnier que ses amis étaient les maîtres de la ville et se disposaient à le sauver, — au moment où j'allais le mettre dans l'impossibilité d'être délivré.

Je le vois encore. Il était assis devant une petite table de bois blanc. Il écrivait ce qu'il appelait « ses confessions ». Saint Pancrazio m'est témoin que je me sentais profondément ému ! Ah ! illustrissimes seigneurs, comme le bien est difficile à accomplir, et qu'il y a d'ornières sur la route du devoir !

Par une pitié dont je serai peut-être blâmé, je ne voulus pas tuer l'âme de Joseph Balsamo en même temps que son corps. Oui, vraiment, je l'aimais, ce païen, et je lui dis :

— Croyez-vous en Dieu ?

— Parbleu ! me répondit-il.

— Et en la sainte Trinité ?

— Si cela peut te faire plaisir.

— Eh bien ! si vous croyez en Dieu et en la sainte Trinité, faites le signe de la croix.

— Eh ! me dit-il, pourquoi ne ferais-je pas le signe de la croix, puisque tu parais y tenir, mon cher Pancrazio ?

Il le fit. Des larmes d'attendrissement me mouillaient les yeux. Grâce au signe rédempteur, mon prisonnier, mon ami, mon frère mourrait en état de grâce !

Gloire à Dieu ! je me précipitai sur lui, à l'improviste, et avec ce même cordon dont il avait essayé de me lier, — mais le ciel m'est témoin que je ne lui en voulais pas ! — je l'étranglai. Plaise à Dieu qu'il n'ait pas eu le temps d'avoir quelque mauvaise pensée ! Quand les Français entrèrent dans la prison, je leur dis que Joseph Balsamo était sujet à des étouffements, à des « étranglements », et qu'il venait de passer entre mes bras.

C'est ainsi que j'ai obéi aux instructions du sacré collège, et j'ose espérer que la Sainte-Vierge ne me gardera pas rancune de la pitié peut-être excessive que j'ai montrée dans l'accomplissement de mon devoir. En même temps je ferai observer à vos Illustrissimes Éminences que la charge d'abbé dans le monastère franciscain de Civita Vecchia est devenue vacante, et que les religieux de ce vénérable cloître se soumettraient sans déplaisir,

Illustrissimes seigneurs,

à votre très humble et très passionné serviteur,

Fra Pancrazio.

FIN

9 789357 964340